THE staub
MASTER BOOK

――――――――――――――
ストウブマスターブック

サルボ恭子

CONTENTS

4 使うのは、ストウブの鍋1つだけ。
5 これ1つでいろんな料理ができます
6 料理をおいしくするストウブの鍋
7 調理のポイント

蒸し焼き

食材1つ

8 「じゃがいもの丸ごと蒸し焼き」で、
野菜の蒸し焼きをマスターする
10 蒸し焼きトマト
なすの蒸し焼き
11 さつまいもの蒸し焼き
香ばしキャベツ
12 アスパラガスの蒸し焼き
ねぎ焼き
13 かぶの蒸し焼き
パプリカマリネ
14 チンゲン菜の蒸し焼き
蒸し焼き枝豆
15 小松菜の蒸し焼き
かぼちゃの蒸し焼き
16 ハッシュドブラウンポテト
17 カレー香る玉ねぎの蒸し焼き
18 蒸し焼き豆腐
19 あさりのワイン蒸し
20 ステーキ
21 ローストビーフ
24 蒸し焼き豚
25 ポークソテー
28 パリパリチキンソテー
サテ
タンドリーチキン
30 しゃけ焼き
31 サーモンのムニエル
32 大学いものフレンチ風
スフレオムレツケーキ

食材2つ

34 ピーマンのチーズ詰め
35 鶏とザーサイのバンバンジー風
36 かきとベーコンの蒸し焼き
セロリといかの酒蒸し
38 たこのガリシア風
39 鶏もも肉と玉ねぎのマリネ
40 つくねれんこん

食材いろいろ

42 ポテトサラダ
44 蒸し焼きハンバーグ
46 ズッキーニのスペイン風オムレツ
47 台湾風厚焼き卵
48 無水蒸し焼きポトフ
50 蒸し焼き餃子
52 ホットサンド

本書の使い方

■ 大さじ1＝15㎖、小さじ1＝5㎖、1カップ＝200㎖です。

■「塩」はフランスブルターニュ地方のゲランド産の自然塩を使用しています。塩味に尖りがなくミネラル分の濃い塩で、食材本来の味を引き立てます。もちろんいつもお使いの塩でも大丈夫です。味をみて好みの塩加減に調整してください。

■ 塩味をつける場合の塩の量は、食材の重さのだいたい1％（素材自体に塩味がついているものは1％弱）と覚えておきましょう。

■「こしょう」とあるのは黒こしょうのこと。黒こしょうの粒をこしょうひきでひいたもの。「粗びき黒こしょう」は黒こしょうの粒を粗めにつぶしたものです。

■「オリーブ油」とあるのは、エキストラバージンオリーブオイルです。

■ 単に「油」「揚げ油」とあるのは、クセのない油で米油、菜種油、大豆油などを使います。

■ この本で使ったストウブの鍋は、ピコ・ココット ラウンド 20㎝です。レシピは2人分または2～3人分。材料の分量を増やしたり減らしたりすると、火が通りにくくなったり、焦げやすくなったりするので注意しましょう。

蒸し煮

54 「いろいろきのこの蒸し煮」で、
蒸し煮の基本をマスターする
56 無水肉じゃが
58 あさりとレタスの豆乳蒸し煮
59 キャベツとコンビーフの蒸し煮
60 さばとトマトの重ね煮
61 野菜のサブジ
62 ラタトゥイユ
64 魚介のごちそうアクアパッツァ
66 かぶとぶりのみぞれ鍋
67 白菜と豚肉のピリ辛鍋
68 ごろごろ野菜とチキンの無水カレー
69 豆とえび、角切り野菜のタイ風カレー
70 チーズフォンデュ

煮込み

72 「ミートボールのトマト煮」で、
煮込みの基本をマスターする
74 牛肉の赤ワイン煮込み
75 豚フィレとエリンギ、芽キャベツのホワイト煮
78 アドボ
80 玉ねぎと卵のスープ
81 ミネストローネスープ
82 豚肉とプルーンの煮込み
84 マッシュルームとえび、たこのアヒージョ風
85 キャベツとソーセージのザワークラウト風
86 ひじきとパプリカ、ベーコンのトマト煮
鶏肉となす、オリーブのトマト重ね煮

揚げもの

88 「から揚げ」で、揚げものの基本をマスターする
90 フライドポテト
91 あじフライ
92 大きなかき揚げ
94 いかといんげんのさつま揚げ
95 えびのフリッター
96 春巻き

ごはん＆パスタ

98 「ごはん」で、炊飯の基本をマスターする
100 中華風おこわ
たことにんじんの炊き込みごはん
102 しらすといか、オリーブのパエリア風
104 ビビンパ風玄米ごはん
106 マトンビリヤニ
108 トマトアンチョビペンネ
109 ブロッコリーとかぶのフェトチーネパスタ

110 ストウブの鍋で燻製にチャレンジ！

使うのは、
ストウブの鍋１つだけ。
これさえあれば、
日々の料理にもう困りません！

煮ものはもちろんのこと、蒸し焼きや蒸し煮もお手のもの。
揚げ鍋としても使えるし、おいしいごはんも炊ける万能鍋です。

＼ピコ・ココット ラウンド20㎝／

WHAT IS A STAUB?

これ1つでいろんな料理ができます

「蒸し焼き」

素材に焼き目をつけつつ、野菜から出る水分で蒸し焼きにします。じゃがいも丸ごと蒸し焼き(p.8)、蒸し焼き豚(p.24)、ピーマンのチーズ詰め(p.34) など。

「蒸し煮」

野菜などの素材から出る水分や調味液で蒸し煮にします。いろいろきのこの蒸し煮(p.54)、野菜のサブジ(p.61)、ごろごろ野菜とチキンの無水カレー(p.68) など。

「煮込み」

野菜や肉などの素材から出る水分と調味液で煮込みます。ミートボールのトマト煮(p.72)、牛肉の赤ワイン煮込み(p.74)、豚肉とプルーンの煮込み(p.82) など。

「揚げもの」

蓋をして蒸し揚げにすると、少ない油で揚げものができます。から揚げ(p.88)、あじフライ(p.91)、春巻き(p.96) など。

「ごはん&パスタ」

ごはんはふっくらツヤツヤに炊き上がり、パスタは具材にのせて加熱するだけでOK。ごはん(p.98)、ビビンパ風玄米ごはん(p.104)、トマトアンチョビペンネ(p.108) など。

ほかに、燻製だってできちゃいます。

アルミホイルにチップをのせて加熱すれば、自家製燻製があっという間にできます(p.110)。

料理をおいしくするストウブの鍋

重くて頑丈

本体は鋳物製なので重くて丈夫です。だから、保温性が高くて熱が逃げにくく、食材の水分から出るうまみたっぷりの水蒸気を、重い蓋できっちりキープします。

内側は焦げつきにくい構造

内側はすべて黒マット・エマイユ加工（ホーローを吹きつける技術）が施され、表面がザラザラです。この凹凸で表面積が増えて油がよくなじみ、食材との接触面が少なくなって焦げつきにくいため、調理がスムーズにできます。

ピコがうまみをキャッチ

蓋の裏には整然と並んだ丸い突起（＝ピコ）があります。食材から出てきた水分が水蒸気になり、このピコに集まって水滴になり、再び食材にまんべんなく降り注ぎます。だから蒸し焼き、蒸し煮などの無水調理には最適の鍋です。

鍋を火にかけると…

蓋のすき間から蒸気が出てくる

鍋の中に水蒸気がいっぱい溜まってきたよ、というサイン。ここでレシピによって火を弱めたり、鍋を火から下ろします。

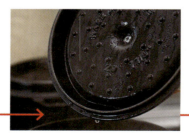

うまみが凝縮して水滴になる

食材から出てきた水分が水蒸気となり、ピコを伝って水滴となり、食材に降り注ぎます。降り注いだ水滴は再び水蒸気となり、さらにうまみが凝縮した水滴が降り注ぐという循環を繰り返します。

余熱調理でうまみの水滴がさらに降り注ぐ

保温性が高いので余熱調理ができ、調理時間が短縮できます。その間も、中に残っている水蒸気がすべて水滴となって降り注ぐので、うまみたっぷりの料理に仕上がります。

調理のポイント

ポイント① 火加減に注意！

この本では中火、弱火、ごく弱火を使います。

中火（IHの場合は4〜5）

火の先端が鍋底にわずかに届く程度。鍋中の状態は、水分がフツフツと煮立って、具材が少し動くくらい。

弱火（IHの場合は3）

火の先端が鍋底とコンロの間の空間の中ほどくらいまで。鍋中の状態は、水分がやわらかく波打ち、具材は動かない。

ごく弱火（IHの場合は1〜2）

弱火よりさらに小さい火加減。鍋中の状態は水分が静かな状態で、具材は動かない。

ポイント② 火加減だけに頼らず、蓋をあけて鍋中の状態をチェック！

蓋のすき間から水蒸気が出てきたら、すぐに弱火にするのではなく、一度蓋をあけて、写真のようにフツフツと煮汁が沸騰していることを確認することが大切です。この状態で水蒸気が充満していたら、うまみの水滴が鍋中で降り注いでいるということ。蓋にも水滴がたっぷりついて、したたり落ちてきます。確認後はすぐに蓋を閉めて、弱火またはごく弱火で加熱してください。

ポイント③ 焦げつきやすい調理にはオーブンペーパーを敷いて！

ストウブの鍋は鋳物製なので、使い込むほど油がなじんできて焦げつきにくくなるのですが、それでも火に近い鍋底部分は焦げつくことがあります。特に糖分の多い野菜の蒸し焼きや砂糖を使うデザートなど。そんなときは、鍋底や側面にオーブンペーパーを敷いておくと安心です。こびりつきを防いでくれるし、取り出すのも簡単。焦げ目もつくので仕上がりに影響はありません。ぜひ、活用してください。

蒸し焼き

食材に焼き目をつけると同時に、食材の水分で加熱するのが蒸し焼きです。食材には水分が多いものと少ないものがあります。水分が多いトマトや玉ねぎ、キャベツなどは無水調理ができますが、水分が少なくてかたい、じゃがいもやさつまいも、かぼちゃなどは食材だけでは焦げてしまうので、少なめの水分を加えて火が入りやすいようにします。また、肉や魚の場合は、焼き色がつくまで焼いてうまみを閉じ込めたあと蒸し焼きにして、ジューシーな仕上がりにします。ここでは主となる食材1つ、食材2つ、食材いろいろに分けてレシピをご紹介します。

BRAISER

「じゃがいも丸ごと蒸し焼き」で、野菜の蒸し焼きをマスターする

ポイント1	塩をふって浸透圧で食材の水分を引き出し、塩味もつける。
ポイント2	水分が多い野菜は食材だけでOK。水分が少ないものは少量の水分を加えて火が通りやすくする。
ポイント3	かたい野菜の場合は8割がた火が通っている段階で火を止め、余熱調理で仕上げる。

2人分
じゃがいも（洗って泥を落とす）—— 4個
水 —— カップ1/2
塩 —— 小さじ1/3
バター（食塩不使用）—— 適量

1 鍋に皮つきのままじゃがいもを入れて分量の水を加える。

※じゃがいもは水分が少なくてかたい。それだけで蒸し焼きにするとすぐに焦げてしまうので、少なめの水を加えて蒸し焼きにする。

2 塩をふる。

3 蓋をして**中火**にかける。

4 鍋縁から蒸気が出てきたら、蓋をあけて水がフツフツ煮立っていることを確認して再び蓋をし、**ごく弱火**にして15分ほど火を通す。

※煮立っていたら蒸気が鍋の中で循環しているということ。蓋をするとうまみを含んだ蒸気が水滴になってピコから降り注ぎ、じゃがいもの中に浸透していく。

5 竹串を刺してスッと通ればOK。火から下ろして5分ほどおく。器に盛り、フォークでざっくり割ってバターをのせる。

肉の場合は焼いてから蒸し焼きにする

かたまり肉は漬け汁に漬け込むと中まで味がよく染み込む。焼き色がつくまで肉全体を焼いて肉汁のうまみを閉じ込め、弱火でじっくりと蒸し焼きにする。

食材1つ

蒸し焼きトマト

切り口から出る水分とオリーブ油を
乳化させながら火を通します。
トマト本来の味と濃縮されたうまみが味わえます。

2人分
トマト —— 中2個
塩 —— ふたつまみ
オリーブ油 —— 大さじ1
パルメザンチーズ（すりおろし）—— 大さじ1$\frac{1}{2}$

1. トマトはヘタをくりぬいて横に半分に切る。鍋にオリーブ油を入れ、切り口を下にして並べる。
2. 塩をふって蓋をし、**弱火**にかける。
3. 5分ほどしたら火を止め、そのまま5分おく。
4. 器に盛り、パルメザンチーズをふる。

なすの蒸し焼き

火を止めてすぐに取り出すと、
きれいな色のまま仕上がります。
ごま風味のたれとしょうがの相性抜群。

2人分
なす —— 中3本
塩 —— 小さじ$\frac{1}{3}$
水 —— カップ$\frac{1}{4}$
A［**白ごまペースト** —— 大さじ2
　　しょうゆ —— 小さじ$\frac{1}{2}$
しょうが（すりおろし）—— 1かけ分

1. なすはガクを切り落とし、ヘタの部分をぐるりと削るようにむく。皮をピーラーで縞状にむき、水に2分ほどつけてアクを抜く。
2. 取り出して鍋に入れ（水けをきらない）、塩と分量の水を加えて蓋をし、**中火**にかける。
3. 鍋縁から蒸気が出たら、**ごく弱火**にして10分ほど加熱する。竹串を刺してスッと通ればOK。火を止めてバットなどに取り出し、粗熱をとる。
4. 縦半分に切って器に盛り、しょうがと、合わせた**A**を添える。

さつまいもの蒸し焼き

さつまいもの種類はいろいろ。
ストウブの鍋はどんなさつまいもでも
持ち味を最大限に生かします。

2人分

さつまいも（洗って泥を落とす） —— 1本（約300g）
水 —— カップ½

1. 鍋にさつまいもを入れて分量の水を加え、蓋をして<u>中火</u>にかける。
2. 鍋縁から蒸気が出たら、<u>ごく弱火</u>にして20分ほど加熱する。竹串を刺してスッと通ればOK。火を止めて5分ほどおく。取り出して食べやすく切る。

蒸し焼き

香ばしキャベツ

キャベツは焦げ目をつけるのがポイント。
甘みと香ばしさの二重奏でおいしさ倍増です。
お好み焼き風に仕上げましょう。

2人分

キャベツ —— ¼個（500g）
塩 —— ふたつまみ
マヨネーズ —— 適量
中濃ソース —— 大さじ1½
削り節 —— 適量

1. キャベツは大きめのひと口大に切り、1分ほど水につける。
2. 鍋にかたい芯の部分から水けをきらずに入れていき、半分くらい入れたら塩をひとつまみふる。残りのキャベツをのせ、塩をひとつまみふって蓋をし、<u>中火</u>にかける。
3. 鍋縁から蒸気が出たら、<u>弱火</u>にして5分ほど蒸し焼きにして火を止め、10分ほどおく。
4. 器に盛り、マヨネーズ、ソース、削り節の順にふる。

11

アスパラガスの蒸し焼き

みずみずしいアスパラガスは味だけでなく、
甘い香りもほのかに漂って食欲をそそります。
ここでも水にくぐらせて蒸し焼きにします。

2人分

グリーンアスパラガス —— 8本
塩 —— 小さじ1/3
水 —— 大さじ2

1　アスパラガスは茎元のかたいところを切り落とし、切り口から2〜3cm上までの皮をピーラーでむいて、長さを半分に切る。
2　鍋にかための茎の方から、さっと水にくぐらせて入れ、その上に穂先部分を重ねてのせる。塩と分量の水を加えて蓋をし、**中火**にかける。
3　鍋縁から蒸気が出たら、**ごく弱火**にして4分ほど加熱し、火を止めて器に盛る。

ねぎ焼き

蒸し焼きにすると中がとろっとするだけでなく
ねぎの甘みが増します。
密閉度の高いストウブの鍋だからこそ。

2人分

長ねぎの白い部分 —— 2本分
塩 —— ひとつまみ
ごま油 —— 大さじ1
しょうゆ —— 小さじ1/2
七味唐辛子（または一味唐辛子）—— 少量

1　長ねぎは4cm長さに切って鍋に入れ、塩とごま油を加えて蓋をし、**弱火**にかける。4分ほど加熱したら蓋をあけ、上下を返す。
2　再び蓋をして3分ほど**弱火**で加熱したら火を止め、しょうゆを回しかけてそのまま冷ます。器に盛り、七味唐辛子をふる。

蒸し焼き

かぶの蒸し焼き

かぶは切らずに丸ごと蒸し焼きにするので、
うまみが中にぎゅっと閉じ込められています。
黒こしょうがかぶのうまみのアクセントに。

2人分
かぶ —— 4個
塩 —— 小さじ1/4
水 —— カップ1/4
粗びき黒こしょう —— 少量

1. かぶは葉を切り落として皮をむく。鍋に入れ、塩と分量の水を加えて蓋をし、**中火**にかける。
2. 鍋縁から蒸気が出たら、**ごく弱火**にして16分ほど加熱する。火を止めてそのまま冷ます。
3. 器に盛り、粗びき黒こしょうをふる。

パプリカマリネ

パプリカの水分と調味料だけでマリネにします。
冷ましている間に、鍋に残ったうまみが
パプリカに染み込んでいきます。

2人分
パプリカ(赤・黄) —— 各1個
塩 —— 小さじ1/3
酢(好みの米酢や穀物酢) —— 大さじ2
砂糖 —— 大さじ1
ローリエ —— 1枚

1. パプリカは縦半分に切って軸と種を取り除き、3cm角に切る。
2. 鍋にすべての材料を入れて蓋をし、**弱火**にかける。
3. 鍋縁から蒸気が出たら、**ごく弱火**にして10分ほど加熱する。火を止めてそのまま冷ます。

13

チンゲン菜の蒸し焼き

冷める間に、鍋の中でオイスターソースが
チンゲン菜の中に染み込んで、
しっかり味がつきます。

2人分

チンゲン菜 —— 2株
塩 —— ふたつまみ
オイスターソース —— 大さじ1

1 チンゲン菜は葉と茎に切り分ける。茎は縦に4等分に切り分け、よく洗って土を落とす。鍋に水けをきらずに茎を入れ、塩を加えて蓋をし、**弱火**にかける。
2 10分ほど加熱して、茎の色が鮮やかになったら、葉を加えてオイスターソースを回しかけ、再び蓋をする。さらに**弱火**で2分加熱して火を止め、鍋の蓋が手でさわれるくらいに冷めるまでそのままおく。

蒸し焼き枝豆

加熱中にピコから降り注ぐ塩味の水滴が、
さやの中の豆に浸透していきます。
ビールのおつまみにぜひ！

2人分

枝豆 —— 1袋（約270g）
水 —— 大さじ2
塩 —— 小さじ1

1 枝豆は洗い、水けをきらずに鍋に入れる。塩と分量の水を加えて蓋をし、**弱火**にかける。
2 7〜8分加熱したら、蓋をあけて手早く上下を返し、再び蓋をしてさらに**弱火**で5分加熱する。火を止め、鍋の蓋が手でさわれるくらいに冷めるまでそのままおく。

小松菜の蒸し焼き

茎を裂くことで火の通りが早くなります。
茎から加熱して、茎に火が通ったタイミングで
葉を入れるのがポイント。

2人分

小松菜 —— 1袋（約8株）
塩 —— 小さじ1/3
すり白ごま —— 大さじ1 1/2

1. 小松菜は茎と葉に切り分け、根は切り落とす。茎元に十文字に包丁を入れ、そこから裂き、よく洗って土を落とす。鍋に水けをきらないで茎を入れ、塩を加えて蓋をし、**弱火**にかける。
2. 6〜7分加熱して、茎の色が鮮やかになったら、葉を加えて再び蓋をする。さらに**弱火**で2分加熱して火を止め、鍋の蓋が手でさわれるくらいに冷めるまでそのままおく。
3. 器に盛り、すり白ごまをかける。

かぼちゃの蒸し焼き

調味料は砂糖だけ。
かぼちゃによって甘みが異なるので、
砂糖の量は加減して

2人分

かぼちゃ（種を取る） —— 1/4個（約500g）
水 —— カップ1/2
砂糖 —— 大さじ3

1. かぼちゃは4cm角に切る。鍋に残りの材料とともに入れて蓋をし、**中火**にかける。
2. 鍋縁から蒸気が出たら、**ごく弱火**にして20分ほど加熱する。火を止めてそのまま冷ます。

ハッシュドブラウンポテト

チーズは加熱している間は溶けた状態でじゃがいもにくっついています。
きれいな形になっていないときは、ここで修正しましょう。
鍋にオーブンペーパーを敷いて焼くと、ひっくり返すのがラクです。

2人分
じゃがいも —— 4個
塩 —— 小さじ1/3
薄力粉 —— 大さじ2
オリーブ油 —— 大さじ1 1/2
シュレッドチーズ（ピザ用）—— 大さじ5

1 じゃがいもは皮をむいて薄い輪切りにしてから細切りにする。ボウルに残りの材料とともに入れてよく混ぜ、オーブンペーパーを敷いた鍋に入れて平らにならし、蓋をして<u>弱火</u>にかける。

2 12分ほど加熱するが、その間にときどき蓋をあけて焦げていないことを確認する。底面にこんがりと焼き色がついたら一度火を止め、オーブンペーパーごと取り出してじゃがいもに皿をかぶせてひっくり返し、再びオーブンペーパーにのせて鍋に戻し入れ、<u>弱火</u>にかける。

3 蓋をしないで5分ほど加熱し、底面に焼き色がついたら火を止め、オーブンペーパーごと取り出して、じゃがいもを器に移す。

| POINT |
作り方2で、底面に焼き色がついていなかった場合は、さらに1～2分加熱して焼き色をつける。こんがり焼けていると、カリッとして香ばしいハッシュドブラウンポテトに仕上がる。

| 蒸し焼き

| POINT |
玉ねぎは焦げつきやすいので、オーブンペーパーを敷いて調理すると安心。盛りつけもペーパーごと引き出して器に移すだけ。

カレー香る玉ねぎの蒸し焼き

カレー味がしっかりついているので、食べやすい玉ねぎ料理です。
玉ねぎは甘みがあるので、焦がさないように注意しながら加熱しましょう。
シャキシャキの食感とカレー風味が食欲をそそります。

2人分
玉ねぎ —— 大1個
塩 —— 小さじ1/3
カレー粉 —— 小さじ1
油 —— 大さじ1

1 玉ねぎは皮をむいて縦半分に切り、それぞれ3等分のくし形切りにする。鍋に残りの材料とともに入れて蓋をし、<u>弱火</u>にかける。

2 10分ほど加熱して蓋をあけ、手早く上下を返して再び蓋をし、さらに8分ほど加熱する。火を止めてそのまま冷ます。

17

蒸し焼き豆腐

豆腐は口当たりがなめらかな絹がこの料理にはよく合います。
豆腐は切り分けてから火を通すのがポイント。
塩とオリーブ油の代わりに、しょうゆをかけてもOK。

2人分

絹ごし豆腐 —— 1丁
酒 —— 大さじ1
塩、オリーブ油 —— 各適量

1. 鍋にオーブンペーパーを敷いて豆腐をのせる。鍋中で豆腐を十文字に切って少しすき間を空けて熱の通り道を作る［写真A］。酒をふって蓋をし、**弱火**にかける。
2. 12分ほど加熱したら火を止め、10分ほど蒸らす。
3. ペーパーごと取り出して器に移し、塩とオリーブ油を回しかける。

A ここで鍋に敷いたオーブンペーパーは、豆腐のサイズに合わせて切っただけ。豆腐はやわらかくて取り出しにくいので、ペーパーを敷いておくと扱いがラク。

蒸し焼き

| POINT |

あさりの砂出しを自分でやる場合は、バットにあさりを並べて少し顔が出るくらいの水を入れ、水に対して3.5%の塩を加えて新聞紙をかぶせる。夏場は冷蔵庫に入れ、それ以外の季節は常温で40分〜1時間おく。

あさりのワイン蒸し

鍋の中で循環したうまみの水滴を吸い込んだあさりは濃厚味。
白ワインと融合したうまみは最高です。
白ワインの代わりに酒でもOK。

2人分
あさり（砂出ししたもの）——— 500〜600g
白ワイン ——— カップ1/4

1 あさりは殻をこすり合わせてよく洗い、水けをきらずに鍋に入れる。ワインを加えて蓋をし、**弱火**にかける。

2 12分ほど加熱し、蓋をあけて全体をひと混ぜする。すべてのあさりの殻が開いたら（半開きでもよい）、再び蓋をして火を止め、そのまま10分ほどおいて余熱で完全に火を通し、器に盛る。

19

ステーキ
RECIPE » p.22

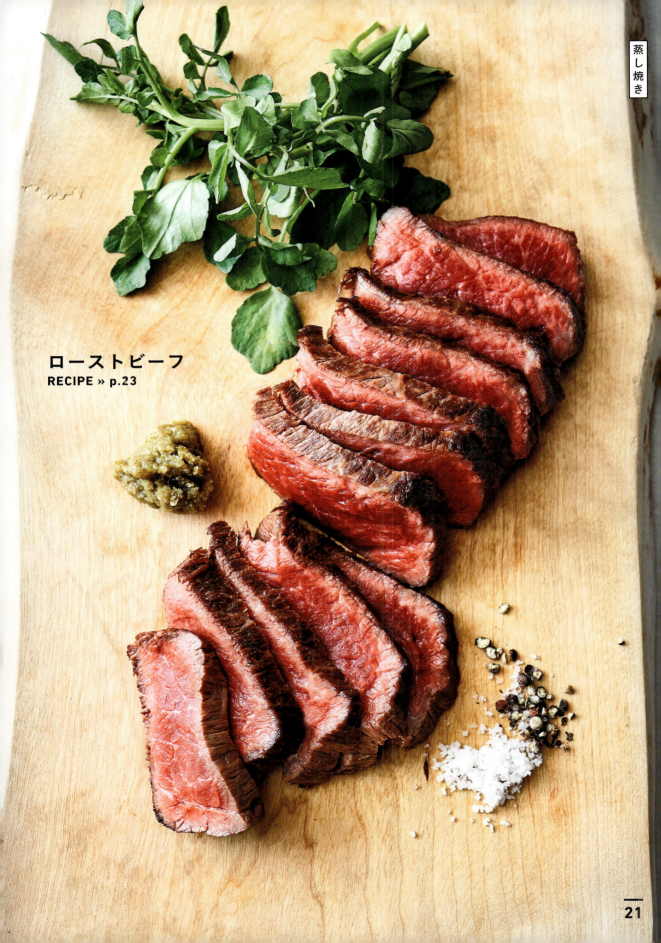

PHOTO » p.20
ステーキ

肉のうまみが口の中いっぱいに広がります。
焼いたあと、少し休ませることが大切。
肉汁を落ち着かせてジューシーなステーキに仕上げましょう。

2人分

牛肉（ステーキ用／ランプやもも肉）
　　── 2枚（1cm厚さ）
油 ── 大さじ1
塩 ── ふたつまみ×2枚分
こしょう ── 適量
トレビス ── 2〜3枚

1 牛肉は調理する20分ほど（夏場は10分ほど）前に常温にもどす。

2 鍋に油を入れて**中火**にかけ、煙が出るまで熱する。肉を入れてすぐに蓋をする。

3 1分30秒加熱したら蓋をあけ、焼き色を見て手早く肉をひっくり返して［写真A］すぐに蓋をし、さらに**中火**で1分加熱する。火を止めてバットに取り出し、5分ほど休ませる。

4 器に盛り、塩、こしょうをふってトレビスを添える。

A こんがり焼き色がついていたらひっくり返す。肉が薄いときはすぐに火が入って焼けすぎになりパサつくので、注意が必要。焼くことに集中して一気に焼き上げる。もし2枚一度に入りきらない場合は、1枚ずつ焼く。

PHOTO » p.21
ローストビーフ

なるべく厚みが均一な肉を選ぶと、どこを切っても火の通りが均一になります。
肉に塩をふらないのは、浸透圧で塩味が中に入らないためと、肉汁が外に出てしまうのを防ぐため。
塩味は食べるときにつけましょう。

蒸し焼き

2〜3人分

牛もも肉（ローストビーフ用のブロック）
　　—— 1本（約460g）
油 —— 大さじ1 1/2
ゆずこしょう —— 大さじ1強
塩 —— 小さじ1/3ほど
粗びき黒こしょう —— 小さじ1/3ほど
クレソン —— 適量

1 牛肉は調理する1時間ほど（夏場は30分ほど）前に常温にもどす。

2 鍋に油を入れて**中火**にかけ、煙が出るまで熱する。肉を入れてすぐに蓋をする。

3 1分30秒加熱したら蓋をあけ、手早く肉を立てて上下左右の側面をそれぞれ30秒ずつ焼く。この間、蓋はあけたままにし、肉はトングなどでつかんで焼く[写真A]。

4 焼き終わったら**弱火**にし、最初に焼いた面の反対側の面を下にして蓋をし、1分30秒焼く。肉がひと回り縮んでふっくらとしたら火を止める。

5 肉をアルミホイルに包んでバットに入れ[写真B]、15分休ませる。

6 5mm厚さくらいに切り分けて器に盛り、ゆずこしょう、塩、こしょう、クレソンを添える。

Ⓐ 肉をつかむのはトングが便利。肉をはさんだまま、各面を30秒ずつ焼くことができ、焼き色のチェックもしやすい。

Ⓑ 肉の焼き上がりの目安は、肉を指で押したとき、跳ね返すような弾力があり、肉の表面にうっすら肉汁が浮いて出てくる状態。このタイミングで取り出してアルミホイルで包む。

23

蒸し焼き豚
RECIPE » p.26

ポークソテー
RECIPE » p.27

蒸し焼き

25

PHOTO » p.24
蒸し焼き豚

ブロック肉は漬け汁にしっかり漬け込んでから焼くのがおいしく仕上げるコツです。
通常はやわらかく煮ることが多い焼き豚ですが、蒸し焼きにした場合は、
弾力のある食感とジューシーさが残るので味わってみてください。

2〜3人分

豚肩ロース肉（ブロック）—— 1本（約470g）

A ┌ にんにく（すりおろし）—— 1かけ分
  │ 塩 —— 小さじ¼
  │ しょうゆ —— 大さじ3
  │ 酒 —— カップ¼
  │ はちみつ —— 大さじ4
  └ 五香粉（ウーシャンフェン）—— 小さじ1

油 —— 大さじ1

1. ポリ袋に**A**を入れてよく混ぜ合わせ、豚肉を加える。空気を抜いて口を閉じ、上からよくもむ。冷蔵庫に入れて3時間以上漬け込む［写真A］。

2. 肉を取り出してペーパータオルでよくふく（漬け汁は取りおく）。鍋に油を入れて**中火**にかけ、煙が出てきたら肉を入れて焼く。焼き色がついたら［写真B］面を変え、すべての面にこんがりと焼き色をつけ、いったん火を止める。

3. 鍋底の油をペーパータオルで吸い取り［写真C］、2で取りおいた漬け汁を加えて蓋をする。

4. **弱火**にかけて20分ほど蒸し焼きにする。途中で一度蓋をあけ、肉をひっくり返す。竹串で中央を刺してみて、透明な肉汁が出てきたら火を止め、蓋をして20分ほどそのまま休ませる。

A 漬け込んだポリ袋はバットなどに入れて冷蔵庫へ。万が一、中の汁が出てきてもこうしておけば安心。これで肉の中までしっかり味が入っていく。

B かたまり肉を扱うときはトングを使うとやりやすい。焼き色を確認しながらすべての面を焼く。これで肉汁を封じ込める。

C 鍋底にたまっている油には焦げが混じっているので、このまま調理を続けると焦げの匂いが残ってしまう。おいしく仕上げるためにはふき取っておくことが大切。

PHOTO » p.25
ポークソテー

玉ねぎのすりおろしに漬け込むことで、肉がやわらかく仕上がります。
このレシピではしょうが風味にしましたが、にんにく風味でもOK。
にんにくの場合はしょうがをにんにくに代えるだけです。

蒸し焼き

2人分
豚ロース肉(ソテー用) —— 2枚(1cm厚さ)
A ┌ しょうが(すりおろし) —— 1かけ分
  │ しょうゆ —— 大さじ1
  │ みりん —— 大さじ1
  │ 酒 —— 大さじ1
  │ 塩 —— 小さじ1/3
  └ 玉ねぎ(すりおろし) —— 中1個分
油 —— 大さじ1 1/2
ミニトマト —— 4個

1 豚肉は、焼いたときに反らないように、赤身と脂肪の境に包丁を入れて筋切りする。バットにAを入れてよく混ぜ、肉を入れる。ラップで表面をぴったり覆って[写真A]、冷蔵庫に入れて1時間以上漬け込む。

2 肉を取り出してペーパータオルでよくふく(漬けだれは取りおく)。鍋に油を入れて**中火**で熱し、煙が出てきたら肉を入れ、動かさないで1分焼く。

3 焼き色がついていたらひっくり返して蓋をし、**弱火**にして2分焼く。表面に肉汁が浮き出てきたら火を止め、肉をバットに移す。

4 鍋底の油をペーパータオルでふき取り[写真B]、**2**で取りおいた漬けだれを入れて[写真C]中火で1分加熱し、火を止める。

5 器に肉を盛り、ミニトマトを添えて**4**のソースをかける。

Ⓐ 漬けだれには玉ねぎがたっぷり入っている。この効果で肉がやわらかくなって、ジューシーな仕上がりになる。肉全体をまんべんなく覆うようにしてラップをする。

Ⓑ 鍋底にたまっている油はふき取る。油をふくことで、ソースがすっきりとしてクリアーな味に仕上がる。

Ⓒ 鍋に漬けだれを入れたらグツグツと煮立つまで加熱する。ただし煮すぎると玉ねぎが焦げてしまうので注意して。

27

パリパリチキンソテー

皮目にまんべんなく穴をあけることがポイント。
肉は皮目をしっかり焼きますが、
内側は焼かずに火を通してふっくらと仕上げます。

2～3人分
鶏もも肉 —— 大1枚（約430g）
塩 —— 小さじ½
オリーブ油 —— 大さじ1½
タイム —— 1本

1 鶏肉は皮目にフォークなどでまんべんなく穴を
あけ、ひっくり返して黄色い脂を包丁で取り除
く。

2 鍋にオリーブ油を入れて**中火**で熱し、煙が出て
きたら**1**を皮目を下にして入れ、塩をふる。タ
イムをのせて蓋をし、**弱火**にする。

3 10分ほど焼いて蓋をあけ、肉汁が出て皮目に
しっかりと焼き色がついていたら火を止める。
焼き色が浅かったら、蓋をあけたまま**中火**で一
気に焼き色をつける。

4 器に盛り、タイムを添える。

サテ

インドネシア風の焼き鳥です。
ピーナッツペーストなどで漬け込むと、
鶏肉がしっとり仕上がります。

2～3人分
鶏胸肉 —— 1枚（約400g）
A ┌ ピーナッツペースト（加糖）—— 50g
　├ ナンプラー —— 大さじ1
　├ マヨネーズ —— 大さじ1
　└ 水 —— 大さじ1
油 —— 大さじ1
トマト —— 中1個

1 鶏肉は3×4cmくらいに切る。ポリ袋に**A**を入
れてよく混ぜ合わせ、鶏肉を加える。空気を抜
いて口を閉じ、上からよくもんで冷蔵庫で1時
間以上漬け込む。

2 肉を取り出してペーパータオルでよくふく。鍋
にオーブンペーパーを敷いて油を入れ、**中火**で
1分熱し、肉を並べ入れて蓋をする。

3 ごく**弱火**にして15分ほど蒸し焼きにして火を
止める。鍋の蓋が手でさわれるくらいに冷める
までそのままおく。

4 トマトは薄切りにして器に並べ、**3**を盛る。

タンドリーチキン

ヨーグルト入りなので、漬け込んでいる間に肉がやわらかくジューシーになります。
蒸し焼きにして表面をパリッと香ばしくすると、
やみつきになるおいしさです。

2人分
骨つき鶏もも肉（ぶつ切り）
　—— 4切れ（約400g）
A ┌ 塩 —— 小さじ⅔
　├ カレー粉 —— 小さじ2
　├ トマトケチャップ —— 大さじ1
　├ ヨーグルト（プレーン）—— 大さじ1
　└ にんにく（すりおろし）—— ½かけ分
油 —— 大さじ1½
レモン —— 小½個

1 ポリ袋に**A**を入れてよく混ぜ合わせ、鶏肉を加える。空気
を抜いて口を閉じ、上からよくもんで冷蔵庫で1時間以上
漬け込む。

2 鶏肉を取り出してペーパータオルでよくふく。鍋にオーブ
ンペーパーを敷いて油を入れ、**中火**で1分熱し、鶏肉を皮
目を下にして並べ入れて蓋をする。

3 **弱火**にして10分ほど蒸し焼きにし、蓋をあけてひっくり
返し、再び蓋をして5分ほど加熱する。

4 器に盛り、4等分に切ったレモンを添える。

しゃけ焼き

おなじみの焼き魚ですが、
ストウブの鍋で蒸し焼きにすると、
お酒が行き渡ってふっくらジューシー。

2人分
さけ（切り身）—— 2切れ
酒 —— 小さじ1
大根おろし —— 適量

1 鍋底にオーブンペーパーを敷いてさけをのせ、酒をふって蓋をする。
2 **弱火**で6分ほど焼いて火を止める。
3 器に焼き目がついたほうを上にして盛り、大根おろしを添える。

蒸し焼き

サーモンのムニエル

鍋に入れるときは、盛りつけたときに上になる面を下側にします。
表面はこんがり、
中はふっくらの絶品ムニエルが堪能できます。

2人分
サーモン（切り身）
　　── 2切れ
塩 ── 小さじ2/3
こしょう ── 適量
薄力粉
　　── 大さじ2ほど
油
　　── 大さじ1 1/2
バター（食塩不使用）
　　── 10g
レモン ── 小1/3個

1 サーモンは塩、こしょうをふって、薄力粉をたっぷりつける。
2 鍋にオーブンペーパーを敷き、油を入れて中火で熱し、サーモンの粉をはたいて[写真A]入れる。蓋をして**弱火**にする。
3 4分ほど焼いて蓋をあけ、下面にこんがりと焼き色がついていたらひっくり返して**中火**にし、ペーパータオルで油を吸い取って2分焼く。
4 火を止めてバターを加え、溶けたらサーモンを取り出して器に盛り、レモンを添える。

A 粉はしっかりつけておき、焼く直前で余分な粉を落とすとムラなく粉がついて、きれいな仕上がりに。うまみも閉じ込められるのでおいしさも満点。

大学いものフレンチ風

ローリエやシナモンスティック、バターが入ると洋風大学いもに。
香りが高く、いつもの大学いもとはひと味違います。
カラメル化した砂糖にコーティングされたホクホクのおいもを存分に味わって。

2～3人分
さつまいも（洗って泥を落とす）
　——1本（約330g）
砂糖——65g
水——カップ1/3
バター（食塩不使用）
　——15g
ローリエ——1枚
シナモンスティック
　——1本

1　さつまいもは3cm幅の乱切りにし、水に通してざるに上げ、水けをきらずに鍋に入れる。

2　砂糖、分量の水、バター、ローリエ、半分に折ったシナモンスティックを加えて蓋をし、**中火**にかける。

3　沸騰したら**弱火**にし、12分ほど煮る。途中、ときどき蓋をあけてゴムべらで上下を返す[写真A]。さつまいもに火が入り、砂糖が煮つまって少し茶色になればでき上がり。

Ⓐ　上下を返したとき、砂糖が煮つまって糸を引くくらいになったらあと少し。色づくまで煮つめる。

スフレオムレツケーキ

直火で焼くふわふわのオムレツケーキです。
下面に焦げがしっかりついて、それをはがして食べるフランスのチーズケーキから発想。
私は手でちぎってはちみつレモンにたっぷりくぐらせて食べるのが好きです。

作りやすい分量
卵——2個
グラニュー糖
　——50g
ヨーグルト（プレーン）
　——大さじ2 1/2
バター（食塩不使用）
　——20g
薄力粉——60g
ベーキングパウダー
　——小さじ1/5（1g）
【はちみつレモン】
｜レモン汁
｜　——大さじ1
｜はちみつ
｜　——80g

1　アルミホイルを鍋底の大きさに合わせて切ったものを3～4枚重ねて鍋に敷き、その上に鍋に合わせてカットしたオーブンペーパーを敷き込む。バターは耐熱容器に入れて600Wの電子レンジで30秒ほど加熱して溶かす。薄力粉とベーキングパウダーは合わせてふるう。はちみつレモンは混ぜ合わせる。

2　卵はボウル2つに卵黄と卵白を分けて入れる。

3　卵黄のボウルにグラニュー糖30gを入れて泡立て器で混ぜ、ヨーグルト、溶かしバター、ふるった粉類を順に入れてよく混ぜる。

4　卵白のボウルにグラニュー糖10gを入れてハンドミキサーの「高速」で攪拌し、もったりしてきたら残りのグラニュー糖10gを加えてさらに攪拌し、ツヤのあるメレンゲを作る。

5　4の一部を泡立て器ですくって3のボウルに加え、ぐるぐるとしっかり混ぜる。残りのメレンゲをゴムべらですくって加え、メレンゲの泡をつぶさないように切るようにして混ぜ合わせる。

6　鍋に入れて蓋をし、**弱火**で15分ほど加熱する。蓋をあけて表面をさわってみて何もくっついてこなかったら火を止め、鍋から取り出して冷ます。

7　ペーパーから取り出して切り分け、器に盛ってはちみつレモンをかける。

食材2つ

ピーマンのチーズ詰め

器にしたピーマンを丸ごといただきます。
余熱調理ができるので、火にかけるのは10分だけ。
あとは鍋におまかせ!

2人分
ピーマン —— 1袋(4〜5個)
シュレッドチーズ(ピザ用) —— 40g
バゲット(薄切り) —— 3枚
塩 —— ふたつまみ
オリーブ油 —— 大さじ1/2

1 ピーマンは軸元を横に切り落として中の種を指でこそげ取る。バゲットは5mm角に切る。

2 チーズとバゲットを合わせてピーマンの中に詰め[写真A]、切り落とした部分を蓋にして押しつける。オーブンペーパーを敷いた鍋に並べ入れ、塩とオリーブ油をふって蓋をし、**弱火**にかける。

3 10分ほど加熱して、ピーマンの色が鮮やかになったら[写真B]火を止めて蓋をし、3分ほど余熱調理をして器に盛る。

Ⓐ 指でチーズとパンを同量になるようにつまんで詰めていく。両方が均等に詰め込まれていると、食べたときに味にムラができない。

Ⓑ このとき、蓋をあけて水蒸気が鍋の中に溜まっていることを確認する。溜まっていないと余熱調理ができないので注意。

蒸し焼き

鶏とザーサイのバンバンジー風

加熱してもパサつきが少なく、味の濃いささ身を使いました。
あっさり味の鶏むね肉でもOK。
鍋にささ身を並べ入れるときは曲がらないようにすると仕上がりがきれいです。

2人分

鶏ささ身 —— 3本
ザーサイ（市販／瓶詰） —— 約50g
ごま油 —— 小さじ1
白ごまペースト —— 大さじ1
酒 —— 大さじ2
塩 —— ふたつまみ
きゅうり —— 1本

1 ザーサイは1cm幅に切る。ささ身は筋を取り除いて1cm幅の斜め切りにする。きゅうりは斜め切りにしてから細切りにする。

2 鍋にささ身を入れてごま油と白ごまペーストを絡め、曲がらないように並べる。その上にザーサイを散らし、酒を回し入れて塩をふり、蓋をして**弱火**にかける。

3 8分ほど加熱して火を止め、鍋の蓋が手でさわれるくらいまで冷ます。器に盛り、きゅうりを添える。

蒸し焼き

かきとベーコンの蒸し焼き

かきを蒸し焼きにすると、ふっくらジューシーに仕上がります。
さらにパンチのある味にしたいときは、
にんにくの薄切り1かけ分や赤唐辛子の小口切り1本分を加えるといいでしょう。

2人分
かき —— 6個
ベーコン（ブロック）—— 55g
オリーブ油 —— 大さじ1½
こしょう —— 適量

1. ベーコンは2.5×1×1cmくらいに切り、かきは流水でふり洗いをしてペーパータオルで水けをふく。
2. 鍋に**1**を入れてオリーブ油を加え、蓋をして**弱火**にかける。
3. 10分加熱して蓋をあけ、かきがふっくらとしてひと回り小さくなり、かきの汁が出ていたら火を止め、器に盛ってこしょうをふる。

セロリといかの酒蒸し

やわらかくておいしいいかに仕上げるポイントは、さっと加熱すること。
長時間加熱するとかたくなってしまいます。
ストウブの鍋なら、最後は余熱調理で火を通します。

2人分
いか（小さめのもの）—— 2はい
セロリ —— 1本
塩 —— 小さじ¼
酒 —— 大さじ2

1. いかは内臓と軟骨を抜いて胴の中をよく洗い、ペーパータオルで水けをふく。エンペラを取って、胴とエンペラの皮をむく。足は目の下に包丁を入れて切り離し、くちばしを取り除いてよく洗い、ペーパータオルで水けをふく。胴は1.5cm幅の輪切りにし、足は2本ずつに切り分ける。セロリは茎は1cm幅の斜め切りにし、葉は1～2枝切り離す。
2. 鍋に**1**と残りの材料を入れて**中火**にかける。鍋中からパチパチ音がしてきたら、蓋をあけてひと混ぜし、再び蓋をして3分ほど加熱する。火を止めて5分ほどおき、器に盛る。

たこのガリシア風

スペインのガリシア地方の料理。たこのうまみを吸ったじゃがいもが深い味わいです。
パプリカをふると香り高く本格的な味に。一味唐辛子や七味唐辛子をかけてもOK。
うまみとオイルが混ざった煮汁をパンにつけてどうぞ。

2人分
たこの足(ゆでたもの) —— 4本
じゃがいも —— 中2個
水 —— カップ1/3
ローリエ —— 1枚
塩 —— 小さじ1/3
にんにく(薄切り) —— 1かけ分
白ワイン —— 大さじ2
オリーブ油 —— 大さじ1
パプリカパウダー —— 適量

1 じゃがいもは皮をむいて1cm幅の輪切りにする。たこの足は先の細い方は4cm長さに切り、残りは3cm幅の斜め切りにする。

2 鍋に分量の水とローリエを入れてじゃがいもを並べ入れ、たこをのせて塩をふり、にんにくを散らして白ワインを回しかける。蓋をして**中火**にかける。

3 8分ほど加熱して火を止め、5分ほどおく。

4 器に盛り、オリーブ油を回しかけ、茶こしでパプリカパウダーをたっぷりふる。

鶏もも肉と玉ねぎのマリネ

干しぶどうの甘みと白ワインビネガーが味のアクセント。
ペコロスの代わりに、
玉ねぎ1個を8等分のくし形切りにして加えてもOK。

2人分

鶏もも肉 —— 1枚（約260g）
ペコロス —— 4個
A ┌ 塩 —— 小さじ1/3
  │ 白ワインビネガー（または米酢や穀物酢）
  │ —— カップ1/4
  │ 砂糖 —— 大さじ1/2
  └ 干しぶどう —— 12粒
オリーブ油 —— 大さじ1 1/2

1 鶏肉は6等分に切る。ペコロスは皮をむいて縦半分に切る。ボウルに**A**を入れてよく混ぜる。

2 鍋にオリーブ油を入れて**中火**で熱し、煙が出てきたら鶏肉を皮目を下にして並べ入れる。2分ほど焼いて焼き色がついたら、いったん火を止める。**1**のペコロスと**A**を加えて蓋をし、**弱火**にかける。

3 10分ほど加熱して火を止め、鍋の蓋が手でさわれるくらいに冷めるまでそのままおく。

蒸し焼き

| POINT |
ペコロスの皮は薄くてむきにくいもの。しばらく水につけて皮をふやかすとむきやすくなる。

つくねれんこん

れんこんは香ばしく焼け、肉は蒸し焼きでしっとり。
鍋に入れたら、鍋全体に熱が回るのでひっくり返さなくても大丈夫です。
鶏肉はパサつかずコクが出ておいしく仕上がるもも肉のひき肉がおすすめ。

2〜3人分

鶏ひき肉（もも）——150g
しょうが（すりおろし）——小さじ1
塩——ふたつまみ
長ねぎ（みじん切り）——5cm分
卵——1個
れんこん（1.5cm厚さの輪切り）——6枚
片栗粉——適量
油——大さじ1

【合わせ調味料】
しょうゆ——大さじ1
酒——大さじ1½
みりん——大さじ2

1. ボウルにひき肉、しょうが、塩、長ねぎ、卵を入れてよく混ぜ合わせて肉だねを作る。れんこんの上下に茶こしで片栗粉をふる。スプーンで穴の上下から肉だねを詰める［写真A］。再び上面に片栗粉をふり［写真B］、残りの肉だねを山高に盛る。

2. 鍋に油を入れて**弱火**で熱し、1の山高の方を上にして並べ入れ、蓋をする。5分ほど蒸し焼きにして蓋をあけ、ペーパータオルで油をふいてから合わせ調味料を回しかける［写真C］。1分ほど**中火**で調味料を煮つめて火を止め、器に盛る。

A 肉だねを詰めるとき、片方からだけだと穴全体に詰められないため、上下から詰め込む。

B 片栗粉はのりの役目を果たす。茶こしでふると、上にのせる肉だねがしっかりとくっつく。

C 肉だねの上にかけるようにして合わせ調味料を加える。煮つめると煮汁が染み込んでおいしい仕上がりに。

食材いろいろ

ポテトサラダ

ストウブで蒸し焼きにしたじゃがいもは絶品！
にんにく風味でピーナッツの食感も楽しめるので、おかずにもおつまみにもなります。
少し多めに作って常備しても。密閉容器に入れて冷蔵庫で3日くらいは保存できます。

2〜3人分

じゃがいも —— 小6個
ピーナッツ（皮なし／ロースト） —— 40g
パセリの葉（みじん切り） —— 2本分
にんにく —— 1かけ
塩 —— 小さじ1/3ほど
マヨネーズ —— 大さじ4

1 じゃがいもは皮をむいて4等分に切る。にんにくは縦半分に切って芽を取り除く。ピーナッツはポリ袋に入れてめん棒などでたたいてつぶす。

2 鍋にじゃがいもを入れ、じゃがいもの高さの1/3くらいまで水を入れる。塩を加えて蓋をし、**中火**にかける。

3 鍋縁から蒸気が出てきたら、**ごく弱火**にして10分加熱する。竹串を刺してスッと通ったらOK。このとき鍋に水が残っていたら、蓋をあけて**中火**でとばし、火を止める。鍋の蓋が手でさわれるくらいに冷めるまでそのままおき、フォークでつぶす［写真A］。

4 **3**の鍋に残りの材料を加えてよく混ぜ、味をみて足りないようなら塩（分量外）を加え混ぜる。

A じゃがいもがまだ温かいうちにつぶすとやりやすい。フォークでなくマッシャーでつぶしてもよい。

蒸し焼きハンバーグ

まるでオーブンで焼いたようなふっくら仕上げのハンバーグ。
余熱調理で仕上げると、肉汁が落ち着いてジューシーに仕上がります。
合いびき肉は牛多め、豚多め、鶏ひき肉入り、牛100％など、好みのものを探してみてください。

2人分

A
- 合いびき肉 ── 250g
- 玉ねぎ（みじん切り）
  ── 1/4個分（約65g）
- 卵 ── 1個
- パン粉 ── 10g
- 牛乳 ── 大さじ1 1/2
- 塩 ── 小さじ1/3

油 ── 大さじ1
ミニトマト、パセリの葉 ── 各適量

【ソース】
- 中濃ソース ── 大さじ2
- トマトケチャップ ── 大さじ1 1/2

Ⓐ 玉ねぎは電子レンジを使って火を通すと簡単。透き通って少し色がつくくらいまで加熱する。途中でラップが破れたら取り替えて。

Ⓑ 蒸し焼きしている間に肉汁が出てグツグツ煮立っている鍋中。おいしそうな焼き色がついていたら形を壊さないように注意してひっくり返す。

1 玉ねぎは耐熱容器に入れ、油小さじ1（分量外）を加えてラップをする。600Wの電子レンジで1分30秒加熱し、一度取り出してひと混ぜし、再びラップをして3分加熱。取り出してそのまま冷ます［写真A］。

2 ボウルに1と残りのAを入れ、手早く練り混ぜて2つに分け、それぞれ丸く成形する。

3 鍋に油を入れて**中火**で熱し、2を並べ入れて、しばらく動かさずに焼く。2〜3分して下面においしそうな焼き色がついたら、やさしくひっくり返して［写真B］蓋をし、**弱火**にする。

4 6分ほど焼いて蓋をあけ、中央に竹串を刺して透明な肉汁があふれ出たら火を止め、蓋をして6分ほどそのままおく。

5 器に盛り、ミニトマトとパセリを添えて、合わせたソースをかける。

ズッキーニのスペイン風オムレツ

ストウブで作った卵料理は、ふわっとジューシーな仕上がりです。
2色のズッキーニを使ってカラフルに。
卵が鍋にこびりつくのが心配な場合は、オーブンペーパーを鍋底に敷いて焼くと安心です。

2人分

A ┬ **ズッキーニ**（緑・黄／5mm幅の輪切り）
  │   ── 各6枚
  ├ **マッシュルーム** ── 4個
  ├ **卵** ── 5個
  ├ **パルメザンチーズ**（すりおろし）
  │   ── 大さじ4
  └ **塩** ── 小さじ1/3 ほど
オリーブ油 ── 大さじ2
イタリアンパセリ ── 適量

1 マッシュルームは石づきを取って5mm幅の輪切りにする。

2 ボウルに**1**と残りの**A**を入れてよく混ぜ合わせる。

3 鍋にオーブンペーパーを敷き、オリーブ油を入れて**中火**で熱し、**2**を流し入れる。ゴムべらで全体を大きく混ぜ、ほぼ半熟になったら蓋をして**弱火**にし、10分ほど加熱する。火を止めて、そのまま10分ほどおく。

4 切り分けて器に盛り、イタリアンパセリを添える。

蒸し焼き

台湾風厚焼き卵

切り干し大根の食感が楽しいボリュームのある卵焼きです。
できたてはもちろん、冷めてもおいしい一品。
スペイン風オムレツと同様、卵が鍋にくっつくのが心配な場合は、オーブンペーパーを鍋底に敷いて。

2人分
切り干し大根（乾燥）—— 20g
ほたて貝柱の水煮缶 —— 1缶（120g）
細ねぎ（小口切り）—— 3本分
卵 —— 5個
塩 —— 小さじ1/3ほど
しょうゆ —— 小さじ1
ごま油 —— 大さじ2

1 切り干し大根は水でもどしてしっかり水けを絞る。ほたて貝柱はほぐし、缶汁は取りおく。

2 ボウルにごま油以外の材料と 1 の缶汁を入れてよく混ぜ合わせる。

3 鍋にごま油を入れて**中火**で熱し、鍋を傾けて油が側面まで行き渡るようにする。2 を流し入れ、ゴムべらで全体を大きく混ぜ、ほぼ半熟になったら蓋をして**弱火**にし、10分ほど加熱する。火を止めて、そのまま10分ほどおく。

4 切り分けて器に盛る。

| POINT |

卵液を入れたときに焦げつかないようにするため、作り方3で側面にも油を回しておく。これで取り出すときに形がくずれない。

蒸し焼き

無水蒸し焼きポトフ

無水調理で仕上げるポトフはストウブの鍋が得意とするところ。
大きめの野菜が煮くずれることなくしっかり火が入り、
具材から出るうまみの水蒸気が循環して野菜によく染み込みます。

2〜3人分

にんじん ── 中1本
玉ねぎ ── 1/2個
じゃがいも ── 中2個
キャベツ ── 1/4個
ソーセージ ── 2本
ローリエ ── 1枚
塩 ── 小さじ1/2ほど

1 にんじんは皮をむいて長さを半分に切り、上部の太い部分はさらに縦半分に切る。玉ねぎは皮をむいて縦半分に切る。じゃがいもは皮をむき、半分に切る。キャベツは芯をつけたまま縦半分に切る。

2 鍋に **1** を並べ入れてローリエをのせ[写真A]、塩をふってソーセージをのせる[写真B]。蓋をして**弱火**にかける。

3 20分ほど加熱して蓋をあけ、それぞれの野菜に竹串を刺してスッと通ったら、再び蓋をして火を止め、10分ほどそのままおく。

4 食べるとき味をみて足りないようなら塩(分量外)をふる。

Ⓐ 野菜を入れる順番は特になく、収まりがいいように入れる。取り出すときに形がくずれやすいじゃがいもは上の方にあると安心。

Ⓑ 最後にソーセージを入れると、ソーセージから出るうまみが野菜に染み込んでおいしくなる。ソーセージはお好みのものでOK。

49

蒸し焼き餃子

ジューシーな具材が存分に味わえる餃子です。
取り出すときに鍋にくっつくのが心配な場合は、
オーブンペーパーを鍋底に敷いて焼くと安心です。

10個分

A ┌ 豚ひき肉 —— 100g
　├ 白菜 —— 2枚
　├ にら —— 1/3束
　├ 長ねぎ(みじん切り) —— 8cm分ほど
　├ しょうゆ —— 小さじ1/2
　└ 酒 —— 小さじ1/2

餃子の皮(大判) —— 10枚
油 —— 小さじ1/2
水 —— 大さじ4
ごま油 —— 小さじ1
酢やしょうゆ、ラー油など好みで —— 各適量

1 白菜は細切りにし、塩ふたつまみ(分量外)をふってよく絡め、10分ほどおいてしんなりしたら、水けをよく絞る。

2 ボウルに**1**と残りの**A**を入れて混ぜ合わせ、10等分にして餃子の皮で包む。

3 鍋に油を入れてペーパータオルなどで鍋底全体に広げ、**2**を放射状に並べて**中火**にかける。

4 鍋中からパチパチと音がしてきたら分量の水を回し入れて[写真A]蓋をする。1分30秒ほど加熱して鍋縁から蒸気が出てきたら**弱火**にし、5〜6分蒸し焼きにする[写真B]。

5 蓋をあけて餃子の皮の上部がふやけて火が入っていたら、鍋肌からごま油を回し入れ[写真C]、鍋をゆすってごま油が全体に行き渡るようにする。

6 餃子の底面においしそうな焼き色がつくまで**中火**で7〜8分焼いて火を止め、器に盛る。酢やしょうゆ、ラー油などを添えて好みのたれでいただく。

A 深さがあるストウブの鍋なら、水を入れたときに周囲にとび散る心配がないし、ガス台も汚れない。

B 蒸気が出てきたら、ちょっと中をのぞいてグツグツ沸騰していることを確認。沸騰していれば水蒸気がいっぱいなので蒸し焼きがスムーズにできる。

C ごま油を入れることで、こんがり焼けると同時に風味も増す。

ホットサンド

香ばしく焼けたパンが絶品のサンドです。
忙しい朝でもこれなら簡単。
できたてアツアツをどうぞ！

2人分
食パン（8枚切り）―― 4枚
ロースハム（スライス）―― 4枚
スライスチーズ（溶けるタイプ）―― 4枚

1. 食パンをのせて鍋に入るくらいの大きさにカットしたオーブンペーパーを用意する。
2. 1組ずつ作る。ハムは半分に切る。食パン1枚に切ったハム4切れをすき間なく並べる。その上にチーズをまず1枚おき、すき間を埋めるようにもう1枚を切ってのせる［写真A］。これをもう1枚のパンではさんでオーブンペーパーにのせ、鍋に入れて蓋をし、**弱火**にかける。
3. 3分ほど加熱したら蓋をあけ、一度火を止めてオーブンペーパーごと取り出し、下面に焼き色がついていたらひっくり返して再び鍋に入れる［写真B］。蓋をして**弱火**で再び3分ほど加熱したら火を止め、1分ほどそのままにして焼き色をつけ、中まで温まるように焼く。
4. オーブンペーパーごと取り出して半分に切り、器に盛る。
5. もう1組も、**2～4**を同様にくり返す。

A ハムは半分に切った切り口を食パンの4辺に合わせておくとすき間ができない。

B おいしそうな焼き色がついていたらひっくり返す。オーブンペーパーがあるとくっつく心配がないし、取り出しやすい。ただし、鍋は熱いのでやけどに注意！

蒸し焼き

53

蒸し煮

食材の水分や調味液の水分で煮るのが蒸し煮です。蒸し焼きとはっきり区別をするのが難しいところもありますが、こちらは焼き色をつけない、というのが蒸し焼きとの違いです。食材から出てくる水分を鍋から逃がさないようにしておいしく仕上げるのはどちらも共通です。大切なことは鍋の蓋を閉めたまま、火加減の管理をするのでなく、蓋をあけて鍋中の水量や沸騰具合、充満する蒸気量を見て火加減をコントロールすることです。

ÉTUVÉE

「いろいろきのこの蒸し煮」で、蒸し煮の基本をマスターする

ポイント 1	塩や酒をふって食材のうまみと水分を引き出す。
ポイント 2	焼き色をつけずに食材や調味液の水分で煮る。
ポイント 3	途中で蓋をあけて水分が煮立っていることを確認する。

2～3人分

しめじ —— 1パック
エリンギ —— 1パック（3本）
まいたけ —— 1パック（100g）
酒 —— 大さじ2
塩 —— 小さじ1/3ほど

1 きのこ類は石づきを取り、しめじはほぐす。まいたけはしめじと同じ大きさに裂き、エリンギは長さを2～3等分にして縦に薄切りにする。きのこ類を鍋に入れる。

2 塩と酒を全体に行き渡るように加える。

※塩をふって浸透圧できのこ類の水分を引き出し、酒でうまみをプラスする。きのこのうまみと相まって、おいしさが増す。

3 蓋をして**弱火**にかけて14～15分煮る。

4 蓋をあけてきのこがしんなりしていることを確認する。

※底の方をみて、水分が煮立っていれば、蒸気が循環してピコからうまみの水滴が降り注いでいるしるし。きのこもしんなりとしてうまみをたっぷり含んでいる。煮立っていないときは、少し火を強めて。

5 手早くかき混ぜて火を止める。

6 手で鍋がさわれるくらいに冷めるまでそのままおく。味をみて足りないようなら塩（分量外）を加え混ぜる。

※冷める間も余熱調理は続き、うまみの水滴が降り注ぐ。蒸気がなくなったら、鍋に残ったうまみたっぷりの水分が食材に染み込んでいく。

無水肉じゃが

じゃがいもが煮くずれすることなく、ほっくりとして味の濃い肉じゃが。
水を加えず、野菜から出る水分を水代わりに。
加熱中に鍋中の水蒸気がどんどん食材に染み込んでしっかり味になります。

2〜3人分
じゃがいも —— 中4〜5個
玉ねぎ —— ½個
にんじん —— 1本
しょうが(薄切り) —— 1かけ分
牛切り落とし肉 —— 120g
A ┌ しょうゆ —— 大さじ2
  │ 酒 —— 大さじ1
  └ みりん —— 大さじ2

1 じゃがいもは皮をむいて半分に切る。玉ねぎは1.5cm幅のくし形切りにする。にんじんは皮をむいて2.5cm幅の乱切りにする。

2 鍋に**1**、しょうが、牛肉を入れ、合わせた**A**を加える[写真A]。肉をほぐしながら**A**を全体に絡め[写真B]、蓋をして**中火**にかける。

3 鍋縁から蒸気が出てきたら**弱火**にし、20分ほど加熱する。途中、1、2度蓋をあけて上下を手早く返して[写真C]すぐに蓋をする。じゃがいもに竹串を刺してスッと通ればでき上がり。手で鍋がさわれるくらいに冷めるまでそのままおく。

A 鍋に入れるときは肉を一番上に。ここをめがけて調味液を加える。肉に味がしっかり入るようにするため。

B 肉はひとかたまりになっているので、調味液を絡ませながら、肉をほぐして全体を混ぜる。こうすると味が均一に広がる。

C 途中で混ぜるときは手早く。鍋中に充満した水蒸気をなるべく逃がさないようにするため。混ぜすぎるとじゃがいもが煮くずれてしまうのでやさしく混ぜること。

| POINT |

豆乳みそを最後に入れるのは、豆乳が分離しないようにするため。最初から入れると、加熱している間に分離することがあるので注意して。

あさりとレタスの豆乳蒸し煮

レタスの食感と豆乳みその風味があさりのうまみを引き立てます。
豆乳は煮立てると分離してしまうため最後に加え、
弱めの火加減で湯気が立つ程度に温めましょう。

2人分

あさり（砂出ししたもの）── 300g
レタス ── 1/3個
水 ── カップ1/3
しょうが（薄切り）── 3枚

【豆乳みそ】
豆乳（無調整）── カップ2
みそ ── 大さじ1 1/2

1 レタスはざっくりと3〜4つにちぎり分ける。あさりは殻をこすり合わせてよく洗い、ざるに上げて水けをきる（あさりの砂出しを自分で行う場合はp.19参照）。豆乳みそは合わせてみそを溶く。

2 鍋にあさり、レタス、分量の水、しょうがを入れて蓋をし、**中火**にかける。

3 鍋縁から蒸気が出てきたら、**弱火**にして5分ほど加熱し、蓋をあけて全体を混ぜる。

4 あさりの殻が開いたら、豆乳みそを加えて湯気が立つ程度に**弱火**で温める。煮汁の味をみて足りないようなら、みそまたは塩（どちらも分量外）で調味する。

蒸し煮

キャベツとコンビーフの蒸し煮

手軽に使えるコンビーフ缶で作るカンタン蒸し煮です。
調味料は塩だけ。コンビーフのうまみがキャベツにしっかり染み込みます。
ポイントはキャベツを芯と葉に分けて火の通りを均一にすること。

2人分

キャベツ —— 1/2個
コンビーフ —— 1缶（100g）
タイム —— 4本
水 —— カップ1/2
塩 —— 小さじ1/2ほど

1. キャベツは芯を取ってかたい部分はそぎ切りにし、残りは5cm角のざく切りにする。
2. 鍋にそぎ切りにしたキャベツを入れ、コンビーフをほぐしながら広げてのせる。タイムと分量の水、塩を加えて蓋をし、**中火**にかける。
3. 鍋縁から蒸気が出てきたら**弱火**にし、4分ほど蒸し煮にする。蓋をあけて残りのキャベツを加え、蓋をして3分ほど加熱し、火を止めて5分ほどおいてから器に盛る。

さばとトマトの重ね煮

温かいまま食べると主菜に、冷やすと前菜になります。
さばをほぐしてパンにはさんだり、パスタとあえてもおいしいですよ。
紫玉ねぎがないときは、普通の玉ねぎでOK。

2人分

塩さば（切り身） —— 2切れ
トマト —— 中1個
紫玉ねぎ（普通の玉ねぎでも） —— 1個
白ワイン —— 大さじ1½
水 —— カップ½
オリーブ油 —— 大さじ1

1 トマトにヘタをくりぬいて1.5cm幅の輪切りにする。紫玉ねぎは皮をむいて縦半分に切ってから1.5cm幅のくし形切りにする。

2 鍋にトマト、玉ねぎ、さばの順に重ねて入れる。白ワイン、分量の水、オリーブ油を加えて蓋をし、**中火**にかける。

3 鍋縁から蒸気が出てきたら、**弱火**にして10分ほど蒸し煮にし、火を止めてそのまま10分ほどおいて器に盛る。

蒸し煮

野菜のサブジ

サブジは野菜に香辛料をまぶして蒸し煮にするインドの料理。
ベジタリアンにも人気のメニューです。
スパイスが効いているので、食欲増進にひと役買います。

2人分
カリフラワー —— 小 1/2 株（約200g）
玉ねぎ —— 中 1/2 個
ごぼう —— 1/4 本（約30g）
にんじん —— 小1本
かぼちゃ —— 1/8 個（約100g）
トマトペースト（6倍濃縮）—— 1パック（15g）
クミンシード —— 大さじ 1/2
オリーブ油 —— 大さじ 1 1/2
塩 —— 小さじ 1/2 ほど
水 —— カップ 1/2

1　野菜はすべて1.5cm角くらいの大きさにそろえて切る。

2　鍋にすべての材料を入れてひと混ぜし、蓋をして**中火**にかける。

3　鍋縁から蒸気が出てきたら、**弱火**にして10分ほど蒸し煮にし、火を止めて10分ほどそのままおく。味をみて足りないようなら塩（分量外）で調味し、器に盛る。

ラタトゥイユ

カラフルでみずみずしい野菜だけで作る蒸し煮です。
ほかに水分として加えるものはありません。
おいしく仕上げるポイントは、野菜の切り方、重ね方、塩のふり方です。

2人分

パプリカ(赤・黄) —— 各1/2個
玉ねぎ —— 1/4個
トマト —— 中1個
ズッキーニ —— 1/2本
なす —— 1本
にんにく(薄切り) —— 1かけ分
塩 —— 小さじ1ほど
オリーブ油 —— 大さじ1 1/2

1. パプリカは2.5cm角、玉ねぎは1cm角、トマトは3cm角、ズッキーニとなすは1.5cm幅の輪切りにし、大きいものは半分に切る。なすは水につけてアク抜きをしてざるに上げ、水けをきる。

2. 鍋にトマト、玉ねぎ、にんにくを入れて[写真A]分量の塩から1/3量をふり、パプリカをその上に重ねて[写真B]残りの塩の半量をふり、ズッキーニとなすをのせて[写真C]、残りの塩をふる。最後にオリーブ油を回しかけて蓋をし、**中火**にかける。

3. 鍋縁から蒸気が出てきたら、**弱火**にし、10分ほど蒸し煮にする。途中、1、2度蓋をあけて上下を手早く返してすぐに蓋をする。火を止めてそのまま冷ます。味をみて足りないようなら塩(分量外)を加え混ぜる。

蒸し煮

Ⓐ 最初に入れるのは水分が多いトマトと玉ねぎ。加熱するとすぐににんにくの風味とともに多量の水分が出てくる。

Ⓑ 次に入れるのはちょっとかためのパプリカ。トマトと玉ねぎから出てきた水分と蒸気でやわらかくなり、パプリカのうまみも溶け出る。

Ⓒ 最後に入れるのはやわらかいズッキーニとなす。火が通りやすいので、鍋中に充満した蒸気とピコから降り注ぐ水滴でうまみがどんどん染み込んでいく。

蒸し煮

魚介のごちそうアクアパッツァ

彩りが鮮やかで、食卓が華やかになる一品です。
魚介と野菜のうまみが合体してえもいわれぬおいしさ。
白身魚は取り出すときにくずれやすいので、
オーブンペーパーを敷いて煮込むと安心です。

2人分
たいなどの白身魚（切り身）──── 2切れ
ほたて貝柱 ──── 4個
セロリ（斜め薄切り）──── 小1本分
にんにく（薄切り）──── 1/2かけ分
A ┌ 水 ──── カップ1/2
　├ 塩 ──── 小さじ1/3ほど
　├ 白ワイン ──── 大さじ2
　└ オリーブ油 ──── 大さじ2
ミニトマト（ヘタを取る）──── 7個
ブロッコリー（大きいものは縦半分に切る）──── 7房

1 鍋にセロリとにんにくを並べ入れて白身魚をのせ、すき間にほたてを入れる。**A**を加えて蓋をし、**中火**にかける。

2 鍋縁から蒸気が出てきたら、**弱火**にして10分ほど蒸し煮にする。

3 蓋をあけてミニトマトとブロッコリーを間隔をあけてバランスよく入れ、再び蓋をして**弱火**で3分ほど加熱する。火を止めて5分ほどおく。味をみて足りないようなら塩（分量外）をふる。

かぶとぶりのみぞれ鍋

うまみをたっぷり含んだ大根おろしが絶妙のおいしさ。
最後に加えるかぶの葉がアクセントです。

2人分

かぶ（葉つき）—— 4個
ぶり（切り身）—— 2切れ
塩 —— 適量
昆布 —— 1枚（4×8cm）
大根おろし —— 2/5本分（約340g）
しょうが（薄切り）—— 1かけ分
酒 —— 大さじ2

1 かぶは皮をむいて8等分のくし形切りに、葉は小口切りにする。ぶりは塩小さじ1/2をふって10分ほどおき、ペーパータオルで水分をふく。

2 鍋にさっと洗った昆布を入れてかぶをのせ、大根おろしをのせて塩小さじ2/3ほどをふる。その上にぶりをのせ、しょうがを散らして酒をふる。蓋をして**弱火**にかける。

3 18分ほど加熱し、途中、2〜3回蓋をあけて焦げついていないことを確かめる。もし焦げついていたら、水少量（分量外）を加える。かぶとぶりに火が通ったら、かぶの葉を散らして蓋をし、火を止めて10分蒸らす。味をみて足りないようなら塩（分量外）を加えて混ぜる。

蒸し煮

白菜と豚肉のピリ辛鍋

白菜と調味料の水分だけで仕上げた鍋。
豆板醤が味を引き締めます。

2人分
白菜 —— 1/4株
豚バラ肉（ブロック）—— 約260g
塩 —— 小さじ1/2
にんにく（薄切り）—— 1かけ分
春雨 —— 20g
しいたけ —— 4枚
A ┌ 酒 —— 大さじ2
　├ 豆板醤 —— 大さじ1
　└ しょうゆ —— 小さじ1

1 白菜は軸と葉に切り分け、軸は3cm角に切り、葉は大きめにちぎる。豚肉は塩をふって冷蔵庫にひと晩おき、ペーパータオルで水分をふいて1cm幅に切る。時間がない場合は、1cm幅に切ってから塩をまぶし、30分おいて水分をふく。しいたけは石づきを取って5mm幅に切る。Aは混ぜ合わせる。

2 鍋に白菜の軸としいたけ、にんにくを入れて豚肉を並べのせ、その上に白菜の葉と春雨（もどさない）をのせる。Aを回しかけて蓋をし、**弱火**にかける。

3 25分ほど加熱し、途中、2～3回蓋をあけて手早くかき混ぜる。野菜や肉に火が通ったら、味をみて足りないようなら塩やしょうゆ、豆板醤（すべて分量外）を加え混ぜて火を止める。

ごろごろ野菜とチキンの無水カレー

無水で作るので汁だくには仕上がりませんが、
具材一つひとつが驚くほど濃厚味。
煮つめないのに煮汁がとろっとしています。

2人分

鶏もも肉(から揚げ用) —— 6切れ
塩 —— 小さじ1ほど
カレー粉 —— 小さじ1½
じゃがいも —— 中2個
にんじん —— 小1本
玉ねぎ —— 1個
油 —— 大さじ1
ごはん —— 適量

1 鶏肉は塩小さじ½とカレー粉小さじ½をまぶす。じゃがいもは皮をむいて4等分に切る。にんじんは皮をむいて乱切り、玉ねぎは8等分のくし形切りにする。

2 鍋に油を入れて**中火**で熱し、鶏肉を皮目を下にして並べ入れる。2〜3分動かさないで焼き色をつけ、ひっくり返して色が変わる程度に焼いてバットに取り出し、火を止める。ペーパータオルで鍋底の油や焦げを吸い取る。

3 **2**の鍋にじゃがいも、にんじん、玉ねぎを入れて塩小さじ½ほどとカレー粉小さじ1を加え、ゴムべらでよく混ぜ、鶏肉を戻し入れて蓋をし、**弱火**にかける。

4 25分ほど煮る。途中、3〜4回全体を手早く混ぜてすぐに蓋をする。野菜や肉に火が通ったら煮汁の味をみて、足りないようなら塩やカレー粉(すべて分量外)を加え混ぜ、手で鍋がさわれるくらいに冷めるまでそのままおく。

5 器にごはんと**4**を盛る。

| POINT |
鶏肉に下味をつけると、臭みが取れて中まで味がしっかり入る。

蒸し煮

豆とえび、角切り野菜のタイ風カレー

カレー粉は使わずココナッツミルクを入れるので白っぽいカレーに。
ゆずこしょうでグリーンカレーのイメージに仕上げます。
さっぱり味なのでいくらでも食べられそう。

2人分
えび(ブラックタイガー) —— 6尾
オリーブ油 —— 小さじ2
ひよこ豆(水煮) —— 1パック(380g)
セロリ(1cmの角切り) —— 1/2本分
たけのこ(水煮/1cmの角切り) —— 約100g
にんにく(すりおろし) —— 小さじ1
ココナッツミルク —— 1缶(400g)
塩 —— 小さじ1/2ほど
ゆずこしょう —— 大さじ1 1/2ほど

1 えびは背わたを取って殻をむく。鍋にオリーブ油を入れて**中火**で熱し、えび、ひよこ豆、セロリ、たけのこ、にんにくを入れて、えびの色が変わるまで炒める。

2 ココナッツミルクと塩を加えて、沸騰したら火を止めてゆずこしょうを溶き入れる[写真A]。味をみて足りないようなら塩(分量外)を加えて混ぜ、蓋をして5分ほどおいてなじませる。

Ⓐ グリーンカレーのように仕上げたいので、ゆずこしょうで辛みをつける。よく溶かして全体になじませる。

| POINT |

温め直しを繰り返すと、ゆずこしょうの香りと辛みがとんでしまう。その場合は火を止めてから少量加える。ただし塩分も追加されるので入れすぎに注意。

69

チーズフォンデュ

チーズは香りがいいナチュラルチーズがおすすめ。
ピザ用チーズを合わせたり、白カビチーズやブルーチーズを加えてもOK。
仕上げにつぶした黒こしょうやナツメグをふるとさらに香り高く仕上がります。

2〜3人分

白ワイン —— カップ1/4
にんにく —— 1/2かけ
グリュイエールチーズ（1.5cm角に切る）—— 160g
エメンタールチーズ（1.5cm角に切る）—— 150g
牛乳 —— カップ1/4
【蒸し野菜】
　カリフラワー —— 4房
　ブロッコリー —— 4房
　じゃがいも（皮をむいて4等分に切る）—— 1個分
　ソーセージ —— 4本
　塩 —— ふたつまみ
　水 —— カップ1/2
バゲット（2cmの角切り）—— 適量

1 蒸し野菜を作る。鍋にオーブンペーパーを敷いて野菜を入れ、塩をふってソーセージをのせる。分量の水を回しかけて蓋をし、<u>中火</u>にかける[写真A]。鍋縁から蒸気が出てきたら<u>弱火</u>にして5分ほど蒸し焼きにして火を止め、そのまま5分ほど蒸らして器に盛る。

2 チーズフォンデュを作る。**1**の鍋を洗って水けをふき取り、鍋底ににんにくの切り口をこすりつける[写真B]。白ワインを入れて<u>中火</u>にかけ、アルコールの香りがしなくなるまで煮つめる。

3 チーズ2種[写真C]と牛乳を加えて<u>弱火</u>にかけ、蓋をして5分煮る。ゴムべらでよく混ぜながらチーズが完全に溶けるまで煮る。鍋ごと食卓におき、**1**の器にバゲットものせる。好みの具をフォークで刺してチーズを絡めながらいただく。

Ⓐ オーブンペーパーを敷いておくと、取り出しやすいし、鍋が汚れないので洗うのがラク。すぐにチーズフォンデュ作りができる。

Ⓑ にんにくは香りづけのために鍋底にこすりつける。匂いをかいでにんにくの香りを確認するとよい。

Ⓒ 左がグリュイエールチーズ、右がエメンタールチーズ。チーズはお好みで。残りもののチーズをいろいろ合わせてもいい。

煮込み

ストウブの鍋は熱伝導がよく、保温性にすぐれています。しかも蓋が重いので密閉度が高く、一度沸騰させたらあとは弱火でコトコト煮る煮込み料理に最適です。鍋の中はまるで圧力鍋のような状態。その上ピコからうまみの水滴がしたたり落ちるので、煮込むほどにおいしさが増します。火を止めたあとも余熱調理は続き、冷める間にうまみが具材に染み込んでいきます。

RAGOÛT

「ミートボールのトマト煮」で、煮込みの基本をマスターする

ポイント1	肉だねは同じ大きさに丸める。野菜なら切り方や重ね方に注意する。
ポイント2	肉は焼いてから煮込む場合と、生のまま加えて煮込む場合がある。
ポイント3	静かにグツグツ煮えている状態で煮込む。

2人分

合いびき肉 —— 240g
A ┌ パン粉 —— 大さじ2
　└ 牛乳 —— 大さじ1½
玉ねぎⓐ（粗みじん切り） —— ¼個分
塩 —— 小さじ1強ほど
オリーブ油 —— 大さじ1
玉ねぎⓑ（みじん切り） —— ½個分
トマトダイス —— 1パック（300g）
パセリの葉（みじん切り） —— 大さじ1

1 玉ねぎⓐは耐熱容器に入れてラップをし、600Wの電子レンジで2分加熱して冷ます。ボウルに合いびき肉、合わせたA、玉ねぎⓐ、塩小さじ½を入れる。

2 手早く混ぜ合わせて6等分にし、ボール状に丸める。

※均一に火が通るように、同じ大きさに丸める。キャベツのような野菜の場合は、かたい芯の部分とやわらかい葉の部分に分けて切り、かたい部分から入れて均一に火を通す。

3 鍋にオリーブ油を入れて**中火**で熱し、**2**を4個入れて動かさないようにして焼く。

4 焼き色がついたらひっくり返し、**弱火**にして焼き色がつくまで焼いてバットに取り出す。残り2つも同様にして焼いて取り出す。

5 鍋の油と焦げ、肉のかけらなどをペーパータオルでふき取る。玉ねぎⓑを入れて**弱火**にかけ、しんなりする程度に炒めてトマトダイスを加え、煮立ったら**4**を戻し入れる。

6 塩小さじ½強ほどを加えて蓋をし、静かにグツグツ煮えている状態で10分ほど煮る。味をみて足りないようなら塩（分量外）を加え、器に盛ってパセリをふる。

牛肉の赤ワイン煮込み
RECIPE » p.76

煮込み

豚フィレとエリンギ、芽キャベツのホワイト煮
RECIPE » p.77

PHOTO » p.74
牛肉の赤ワイン煮込み

牛すね肉は長く煮るとやわらかくて深い味わい。
ほかに肩ロースや肩バラ肉などでもいいでしょう。
水は加えず、赤ワインと玉ねぎの甘みで肉をやわらかく煮ます。

2～3人分

牛すね肉（ブロック／4等分に切る） —— 600g
【マリネ液】
  赤ワイン（中辛口～辛口） —— カップ1/2
  ローリエ —— 2枚
  塩 —— 小さじ1
にんじん —— 小2本
ペコロス —— 6個
玉ねぎ（粗みじん切り） —— 1個分
油 —— 大さじ1
赤ワイン（中辛口～辛口） —— カップ1
塩 —— 小さじ1ほど
【ブールマニエ】
  バター（食塩不使用） —— 20g
  薄力粉 —— 20g

1 ポリ袋に牛肉とマリネ液の材料を入れて空気を抜き、口を閉じて上からよくもんで冷蔵庫でひと晩マリネする[写真A]。

2 にんじんは皮をむいて長さを3等分に切り、太いところは縦4等分、細いところは縦半分に切る。ペコロスは水に5分ほどつけ、しんなりしたら皮をむく。常温にもどしたバターに薄力粉を加えて練り混ぜ、ブールマニエを作る。

3 肉をポリ袋から取り出して（マリネ液は取りおく）ペーパータオルで水けをふく。鍋に油を入れて**中火**で熱し、肉を2切れ入れて動かさないようにして焼く。焼き色がついたらひっくり返して[写真B] **弱火**にし、焼き色がつくまで焼いて、バットに取り出す。残り2切れも同様にして焼いて取り出す。

4 鍋の油と焦げ、肉のかけらなどをペーパータオルでふき取る。玉ねぎを入れて**弱火**にかけ、少ししんなりする程度に炒めて**3**の肉を戻し入れ、赤ワイン、**3**で取りおいたマリネ液を加えて**中火**にする。グツグツと沸騰したら**弱火**にして蓋をし、肉がやわらかくなるまで1時間ほど煮る。

5 にんじん、ペコロス、塩を加えて15分ほど加熱し、煮汁の味をみて足りないようなら塩（分量外）を加え、ブールマニエを加えて5分ほど煮て溶かす。とろみがついたら火を止め、器に盛る。

| POINT |

ブールマニエはフランスの煮込み料理やスープなどにとろみをつけるためのもの。牛乳を加えるとホワイトソースに。多めに作ってとろみづけに常備すると重宝。余ったら平たくしてラップに包んで冷凍する。

A 肉がワインでやわらかくなり、ワインの風味と塩が肉の中まで入っておいしくなる。

B 焼き色がつくまで焼いて、肉のうまみを閉じ込める。

76

PHOTO » p.75
豚フィレとエリンギ、芽キャベツのホワイト煮

やわらかい豚肉とコリッとしたエリンギの食感が楽しい。
真っ白な煮込みに仕上げるコツは、
炒めるときや煮込むときに、焦がさないようにすることです。

2〜3人分

豚フィレ肉（ブロック）── 約300g
塩 ── 小さじ1
玉ねぎ ── 1/2個
エリンギ ── 4本
芽キャベツ ── 6個
油 ── 小さじ1
薄力粉 ── 大さじ2
牛乳 ── カップ2 1/2
粗びき黒こしょう ── 適量

1 豚肉は3cm厚さに8枚切り、塩小さじ1/2をふって常温に30分ほどおき、ペーパータオルで水気をふく。玉ねぎは横半分に切って1cm幅に切る。エリンギは茎元を切り落として長さを2〜3等分に切り、縦に5mm幅に切る。芽キャベツは縦半分に切る。

2 鍋に油を入れて**中火**で熱し、玉ねぎを入れてひと混ぜして蓋をし、2分ほど加熱する。

3 蓋をあけて**弱火**にし、薄力粉をふり入れて[写真A]、粉に火を通すようなイメージで2分ほどよく炒め、牛乳を注いで[写真B]**中火**にする。焦げないようにゴムべらでゆっくり鍋底からかき混ぜ、沸騰したら**弱火**にして3分ほどかき混ぜながら煮る。

4 肉、エリンギ、芽キャベツ、塩小さじ1/2を加えて蓋をし、ときどき鍋底をかき混ぜながら**弱火**で10分ほどコトコト煮る。味をみて足りないようなら塩（分量外）を加えて味を調える。

5 器に盛り、粗びき黒こしょうをふる。

| POINT |

豚フィレ肉を鶏肉に代えても OK。最後に加える野菜は、エリンギをしめじにしたり、芽キャベツをブロッコリーにしてもおいしい。

A 薄力粉を加えたら、玉ねぎに絡ませながら炒める。

B 牛乳を注いだら火を強くして煮込む。薄力粉のとろみがついて焦げやすいので、かき混ぜながら煮る。

アドボ

フィリピンの酸味あるしょうゆ味の煮ものです。
漬け汁の酢の力で肉がやわらかくジューシーな仕上がりに。
できたても冷めてもおいしくいただけます。

2人分

豚スペアリブ肉 —— 4本
鶏手羽先 —— 4本
鶏レバー —— 80g
にんにく（薄切り）—— 1かけ分
玉ねぎ（粗みじん切り）—— 1 1/2 個分
シナモンスティック —— 1本
酢（米粉、穀物酢など）—— 大さじ3
しょうゆ —— 大さじ4

1 手羽先は関節のところで羽先を切る。レバーはつながっているところを切り離し、血管をしごいて中に残った血のかたまりを取り除いて [写真A]、ペーパータオルで表面をふく。

2 ポリ袋ににんにく、玉ねぎの1/3量、縦半分に折ったシナモンスティック、酢、しょうゆ、肉類とレバーを入れて空気を抜き、口を閉めて冷蔵庫でひと晩漬け込む [写真B]。

3 鍋に残りの玉ねぎを入れ、**2**の肉類をのせて [写真C] 漬け汁も加え、蓋をして<u>中火</u>にかける。

4 鍋縁から蒸気が出てきたら、<u>弱火</u>にして、ときどき上下を返しながら30分ほど煮る。肉がやわらかくなったら煮汁の味をみて、足りないようならしょうゆや酢（どちらも分量外）を加え混ぜる。

A レバーの血のかたまりには独特の臭みがあるので、指で押さえるようにしてしごき取る。

B 漬け込む間に肉の臭みが取れるだけでなく、味が中まで染み込む。

C 肉だけを取り出してのせてから漬け汁を入れてもいいし、袋からそのまま汁ごと入れてもOK。

煮込み

玉ねぎと卵のスープ

たっぷりの玉ねぎから出た甘いエキスが味の決め手。
玉ねぎは見た目の存在感を残すためにつぶしていませんが、
口の中で溶けるくらいにやわらかくなっています。

| POINT |

浸透圧で玉ねぎの水分を出すために塩を加える。ほんのり塩味もつく。

2人分
玉ねぎ —— 大2個
塩 —— 小さじ1ほど
水 —— カップ½
しょうが（薄切り）
　　　 —— 2〜3枚
卵 —— 2個
XO醤（ジャン）—— 適量

1. 玉ねぎは1cm角に切って鍋に入れ、塩をふる。分量の水としょうがを加えて蓋をし、**中火**にかける。

2. 鍋縁から蒸気が出てきたら**弱火**にし、10分ほど煮て火を止める。鍋の蓋が手でさわれるくらいまで冷まし［写真A］、味をみて足りないようなら塩（分量外）を加える。

3. **中火**にかけ、グツグツ煮立ってきたら**弱火**にし、溶いた卵を加えて、スプーンで数回大きくかき回して蓋をし、火を止めて5分おく。器に盛り、XO醤をのせる。

A 冷ましたあとの鍋中には、玉ねぎからこんなに水分が出てくる。

煮込み

ミネストローネスープ

野菜がたっぷり入った具だくさんスープ。
でき上がったらすぐに食べてもいいのですが、
冷ますと水分が増すのでスープの量が増えます。

2人分

A
- にんじん —— 1/2本
- 玉ねぎ —— 1/2個
- じゃがいも —— 2個
- セロリ —— 12cmほど
- ベーコン（ブロック）—— 45g
- さやいんげん —— 6本

オリーブ油 —— 小さじ2
トマト —— 1個
塩 —— 小さじ2/3ほど
水 —— カップ1/2

1 Aのにんじん、玉ねぎ、セロリは皮をむいて1cm角に切る。じゃがいもは皮をむいて2cm角に切る。ベーコンは2cm長さの短冊切りにする。さやいんげんはなり口を切って1cm幅の小口切りにする。トマトはヘタを取って2cm角に切る。

2 鍋にオリーブ油を入れて**中火**で熱し、Aを入れて2分ほど炒める。

3 トマト、塩、分量の水を加えて蓋をし、**中火**で加熱する。鍋縁から蒸気が出てきたら**弱火**にし、15分ほど煮る。途中、ときどき蓋をあけて中の水分を確認し、なくなっていたら少量の水を足す。野菜がやわらかくなったら味をみて足りないようなら塩（分量外）で調味し、火を止める。鍋の蓋が手でさわれるくらいになるまでそのまま冷ます。

豚肉とプルーンの煮込み

野菜は包丁でみじん切りにしてもいいし、フードプロセッサーでも。
フードプロセッサーの場合は水っぽくなりますが、それで大丈夫です。
コトコト煮ている間に食材のうまみが煮汁に溶け出しておいしくなります。

2〜3人分

豚肩ロース肉（ブロック／4等分に切る）
　　―― 700g
塩 ―― 小さじ2ほど
油 ―― 小さじ2
A ┏ 玉ねぎ（みじん切り）―― 1個分
　┃ にんじん（みじん切り）―― 1/2本分
　┃ にんにく（みじん切り）―― 1かけ分
　┗ セロリ（みじん切り）―― 30g
水 ―― カップ1
トマトペースト（6倍濃縮）
　　―― 1パック（15g）
プルーン（種ぬき）―― 6粒
ブロッコリー ―― 6房
こしょう ―― 適量

1 豚肉はポリ袋に入れて塩小さじ1をまぶし［写真A］、冷蔵庫に入れて2時間以上漬け込む。肉を取り出してペーパータオルで水けをふく。

2 鍋に油を入れて**中火**で熱し、肉を並べ入れて動かさないようにして3分ほど焼く。こんがりと焼き色がついたらひっくり返し［写真B］、片面も2分ほど焼いてバットに取り出し、火を止める。鍋の油と焦げ、肉のかけらなどをペーパータオルでふき取る。

3 鍋に**A**を入れて**弱火**にかけ、2〜3分炒めて野菜がしんなりしたら、**2**の肉と分量の水、トマトペーストを加えて**中火**にする。沸騰したらアクを取って**弱火**にし、蓋をして40分ほどコトコト煮る。

4 肉に竹串を刺してやわらかくなっていたら、プルーンとブロッコリー、塩小さじ1ほどを加えて蓋をし、3分ほど煮る。煮汁の味をみて足りないようなら塩（分量外）を加えて混ぜ、こしょうをふる。そのまま冷まして冷蔵庫に入れ、ひと晩冷やす。表面に油が固まるので、それを取り除くとすっきりと食べられる。すぐ食べる場合は表面に浮いた油を取り除く。

Ⓐ 塩をまぶしたら口を閉じて、塩が全体に行き渡るように手で揉んでから冷蔵庫へ。

Ⓑ こんがり焼くことで、豚肉の余分な脂も落ちてうまみが凝縮される。

マッシュルームとえび、たこのアヒージョ風

オイルには魚介のうまみが溶け出しているので、
パンなどにつけて、具といっしょに召し上がれ！
ビールやワインのつまみにぴったりです。

2〜3人分
マッシュルーム
　　　── 1パック（8個）
えび（ブラックタイガー）
　　　── 8尾
たこの足（ゆでたもの）
　　　── 2本
オリーブ油
　　　── カップ1
赤唐辛子 ── 1本
ローリエ ── 1枚
バゲット ── 適量

1　マッシュルームは石づきを取る。えびは背わたを取って殻をむく。たこは包丁で片面に浅く切り込みを入れて2cm長さに切る。赤唐辛子は半分に割って種を取り除く。

2　鍋にオリーブ油、赤唐辛子、ローリエを入れ、残りの材料（バゲット以外）も入れて**弱火**にかける。

3　静かにグツグツ煮立ってきたら蓋をし[写真A]、5分ほど煮て火を止め、そのまま5分ほどおく。

4　器に盛り、バゲットのスライスを添える。

Ⓐ 静かに煮立っていることが大切。じわじわとマッシュルームや魚介のうまみがオイルに溶け出す。

キャベツとソーセージのザワークラウト風

キャベツはシャキシャキの歯ごたえを楽しめるようにざく切りに。クミンシードと酢で味つけするから、ザワークラウトと味は同じです。

2〜3人分
キャベツ —— 1/2個
ソーセージ —— 2本
塩 —— 小さじ1弱
クミンシード
　　—— 小さじ1
水 —— カップ1/2
米酢（または穀物酢）
　　—— 大さじ2

1 キャベツは芯を取り、かたい部分はそぎ切りにし、残りは5cm角のざく切りにする。ソーセージは斜めに4等分に切る。

2 鍋にそぎ切りにしたキャベツ、塩、クミンシード、ソーセージ、分量の水を入れて蓋をし、<u>中火</u>にかける。

3 鍋縁から蒸気が出てきたら<u>弱火</u>にして4分ほど蒸し煮にする。蓋をあけて残りのキャベツ[写真A]と酢を加えて再び蓋をし、3分ほど加熱して火を止め、そのまま5分ほどおく。

A まずキャベツのかたい部分を入れ、次にうまみたっぷりのソーセージ、最後にやわらかい部分のキャベツを加える。こうすると火が均一に通って、うまみが全体に染み込む。

ひじきとパプリカ、ベーコンのトマト煮

ひじきの洋風煮込みです。
トマト味でさっぱりしていますが、ベーコンとにんにくでコクがしっかり出ます。

2人分
ひじき（乾燥） —— 40g
ベーコン（スライス） —— 4枚
パプリカ（黄） —— 1/2個
オリーブ油 —— 小さじ1
にんにく（すりおろし） —— 小さじ1
塩 —— 小さじ1/2ほど
トマト水煮 —— 1パック（300g）

1 ひじきは水に5分ほどつけてもどし、ざるに上げる。ベーコンは細切りにする。パプリカは斜めに5mm幅に切る。

2 鍋にオリーブ油を入れて**中火**で熱し、トマト水煮以外の材料をすべて入れて2分ほど炒める。

3 トマト水煮を加え、グツグツ煮立ったら蓋をして**弱火**にし、6分ほど煮て火を止める。そのまま4分ほどおいて味をみて足りないようなら塩（分量外）を加え混ぜる。

鶏肉となす、オリーブのトマト重ね煮

水分が多いトマト、鶏肉、やわらかい野菜の順に重ねます。
煮込むほどに鶏肉にうまみエキスが染み込んで、ジューシーな仕上がりになります。

2人分
鶏むね肉 —— 1枚（約300g）
塩 —— 小さじ1ほど
なす —— 2本
トマト —— 中2個
水 —— カップ1/2
オリーブ（緑／種あり） —— 6粒
オリーブ油 —— 大さじ1 1/2

1 鶏肉は塩小さじ1/2をふって冷蔵庫で30分ほどおき、ペーパータオルで水けをふく。なすはヘタを切り落として1.5cm幅の輪切りにし、水につけてざるに上げる。トマトはヘタを取って1.5cm厚さの輪切りにする。

2 鍋にトマトを並べて[写真A]分量の水を加え、塩小さじ1/2ほどをふって、鶏肉を皮目を上にしてのせ、すき間にオリーブとなすをのせる[写真B]。オリーブ油を回しかけて蓋をし、**中火**にかける。

3 鍋縁から蒸気が出てきたら、18分ほど煮て火を止め、鍋の蓋が手でさわれるくらいまでそのまま冷ます。

4 鶏肉を取り出して1.5cm幅に切り、野菜とともに器に盛る。味をみて足りなければ塩（分量外）で味を調える。

A トマトはなるべく平らになるように並べる。水分が多い野菜なので、一番下に入れると煮汁代わりになる。

B 鶏肉の上に煮汁を吸い込みやすいなすを入れる。なすはやわらかく火が通りやすいので一番上でも大丈夫。

揚げもの

ストウブの鍋は熱効率がいいので揚げものにも適しています。深さがあるのでレンジまわりに油が飛び散るのを最小限に抑えられるのも利点ですが、蓋をして蒸し揚げの調理法を利用すると、少なめの油で調理できます。油の温度は、低温は160℃くらい、中温は170〜180℃、高温は190℃くらいです。

FRITURE

「から揚げ」で、揚げものの基本をマスターする

ポイント 1	揚げるものを一度に多く入れない。ひっくり返すときに具材同士がぶつからない間隔で。
ポイント 2	火が通りにくいものは、一度蓋をして蒸し揚げにする。春巻きなどは蓋をしない。
ポイント 3	取り出すタイミングは、箸で触ってカサッとした感触になったとき。

2人分
鶏もも肉 —— 1枚（約400g）
しょうゆ —— 大さじ1
酒 —— 大さじ1
塩 —— 小さじ1/3
にんにく（すりおろし）—— 小さじ1
溶き卵 —— 1/2個分
片栗粉 —— 大さじ5
揚げ油 —— カップ2

1 鶏肉は8等分に切り分けて、黄色い脂（味がしつこくなる）をていねいに取り除く。

2 揚げる30分ほど前にボウルに**1**を入れ、しょうゆ、酒、塩、にんにくを加えて水分がほぼなくなるまでよくもむ。

※早く下味をつけるとしょっぱくなるので注意。もんでいくと徐々に調味液が肉に入っていく。

3 溶き卵を加えてさっと混ぜ、片栗粉を加えて粉っぽさが少し残る程度に混ぜる。

4 鍋に揚げ油を入れて**中火**で熱し、ほぼ中温になったら**3**の半量を間隔をあけて入れる。

※全部入れるとぎゅうぎゅうになって、1つずつに均一に火が入らない。まずは中温でしっかり火を通す。

5 蓋をして3分ほど揚げたらいったん火を止め、取り出して油をきり、3分ほどおく。

6 揚げカスを取り除いて**中火**で高温にし、**5**を戻し入れて転がしながら1分ほど揚げる。表面が色づき箸で触ってカサッとしたら、油をしっかりきる。揚げカスを取り除き、残り半量も同様にして揚げる。

フライドポテト

じゃがいもには男爵やキタアカリなどいろんな種類があり、それぞれ違った味わい。
好みの味を探してみましょう。
新じゃがより、よく寝たいもの方が水分がとんで甘みが増し、ホクホクの食感になります。

2人分
じゃがいも —— 3個
にんにく —— 3かけ
オリーブ油 —— カップ2
塩 —— 小さじ1/3強

1 じゃがいもは皮をむいて、1×5cmくらいに切る(拍子木切りやくし形切りでもよい)。

2 鍋にオリーブ油と**1**、にんにくを入れて[写真A]中火にかけ、蓋をして4分ほど揚げる。蓋をあけてときどき上下を返しながら3分ほど揚げる。少し色づいてカサッとしたら、油をしっかりきる。ペーパータオルにのせて塩をまんべんなくふる。

A 冷たい油からじゃがいもを入れるのがポイント。温度が上がるにつれてじっくり火が入る。

| POINT |
もっと表面をカリッとさせたいときは、揚げる直前にじゃがいもに片栗粉大さじ1をまぶす。

揚げもの

あじフライ

外はカリッと香ばしく、中はジューシー。
ストウブの鍋なら熱効率がいいので、少なめの油でOK。
1枚ずつていねいに揚げましょう。

2人分

- あじ —— 2尾
- 塩 —— 少量
- こしょう —— 適量
- 薄力粉 —— 大さじ1
- 溶き卵 —— 1個分
- パン粉 —— カップ1
- 揚げ油 —— カップ2
- キャベツ（せん切り）—— 適量
- 中濃ソース、練りからし —— 各適量

1 あじはゼイゴを取って背開きにし、中骨を抜く。塩、こしょうをふって薄力粉をまぶし、余分な粉をはたく。

2 **1**に溶き卵、パン粉の順にしっかり衣をつける。

3 鍋に揚げ油を入れて**中火**で熱し、中温になったら**2**を1枚入れる。こんがり色がついたらひっくり返して同様に揚げ、油をしっかりきる。いったん火を止めて揚げカスを取り除き、もう1枚も同様にして揚げる。

4 器に**3**とキャベツを盛り、ソースをかけて練りからしを添える。

大きなかき揚げ

鍋いっぱいに具材を広げて大きなかき揚げに。
アツアツを塩で食べると絶品！
具材はお好みで。さつまいもなどを加えるとホクホク食感も楽しめます。

2人分

A
- 玉ねぎ（くし形切り）── 1/2個分
- にんじん（斜め細切り）── 1/4本分
- ごぼう（斜め細切り）── 1/3本分
- すり白ごま ── 小さじ1
- 桜えび ── 12g
- 糸唐辛子(1.5cm長さに切る) ── 適量
- 薄力粉 ── 大さじ3
- 片栗粉 ── 大さじ2

溶き卵 ── 1個分
揚げ油 ── カップ2
塩 ── 適量

1 ごぼうはさっと水につけてざるに上げる。

2 ボウルにAを入れてよく混ぜ、溶き卵を加えて全体に軽くからませる。

3 鍋に揚げ油を入れて中火で熱し、中温になったら2を中央に流し入れ、バラけないように箸でしばらく押さえて[写真A]全体をまとめ、蓋をする。

4 3分ほど揚げたら、フライ返しなどを使って上下をひっくり返し、数か所、箸で穴をあけて中まで火が通りやすくする。箸で触ってカサッとするまで3分ほど揚げてしっかり油をきる。

5 器に盛り、塩を添える。

A 箸で中央に寄せるようにして押さえ、衣と具材をまとめる。温度が高すぎるとバラバラになってしまうので注意して。

| POINT |
スプーンにたねをのせ、もうひとつのスプーンで楕円形に形を整え、たねを押し出すようにして油に入れる。

いかといんげんのさつま揚げ

表面はこんがりと色づいてカリッ、中からいかの香りがふわっと立ちのぼります。
ふんわり仕上げるポイントは、いかと厚揚げをフードプロセッサーにかけること。
塩やスイートチリソースをつけて食べてもおいしいですよ。

2人分

いかの胴（もんごういか） —— 70g
さやいんげん —— 3本
厚揚げ —— 1枚
ナンプラー —— 小さじ1
卵 —— 1個
片栗粉 —— 大さじ2
揚げ油 —— カップ2
ライム —— 適量

1. いかは30gを切り分けて5mmの角切りにする。さやいんげんはなり口を切り落として小口切りにする。

2. 残りのいかと厚揚げはざっくりと切ってフードプロセッサーに入れ、ナンプラー、卵、片栗粉を加えてなめらかになるまで撹拌し、ボウルに入れる。**1**を加え混ぜ、6等分にする。

3. 鍋に揚げ油を入れて**中火**で熱し、中温になったらスプーン2つを使って、楕円形に成形したたねを1つずつ入れる。6個入れたら底にたねがくっつかないように箸でやさしくかき混ぜ、蓋をして**弱火**にする。

4. 3分加熱したら蓋をあけ、**中火**にして1〜2分揚げ、しっかり油をきる。器に盛り、小さめに切ったライムを添える。

揚げもの

| POINT |

衣を作るときは、ゴムべらを下から上に返しながら混ぜると泡がつぶれない。泡がつぶれるとふんわり仕上がらないので注意して。

えびのフリッター

青のり香るふわっ、サクッの絶品フリッターです。
衣は揚げる直前につけるのがコツ。
メレンゲの泡がつぶれないようにするとふんわり仕上がります。

2人分
えび(ブラックタイガー) ── 6尾
塩、酒 ── 各少量
しょうがの搾り汁 ── 少量
【衣】
　薄力粉 ── 大さじ1
　片栗粉 ── 大さじ2
　卵白 ── 2個分
　塩 ── ひとつまみ
　油 ── 小さじ1
　青のり ── 大さじ1
揚げ油 ── カップ2

1　えびは背わたを取って殻をむき、揚げる直前に塩、酒、しょうがの搾り汁と合わせる。

2　衣を作る。薄力粉と片栗粉は合わせてふるう。ボウルに卵白と塩を入れ、ハンドミキサーの「高速」できめの細かいメレンゲになるまで攪拌し、油、青のり、ふるった粉を加える。ゴムべらで泡をつぶさないようにさっくりと混ぜ合わせる。

3　鍋に揚げ油を入れて**中火**で熱し、中温になったら**2**に**1**をくぐらせて入れる。3尾入れたら**弱火**にし、3分ほど揚げる。途中えび同士がくっつかないように箸でやさしく離す。表面が色づき箸で触ってカサッとしたら、取り出して油をしっかりきる。残り3尾も同様にして揚げる。

95

揚げもの

春巻き

揚げたてのパリパリ皮をどうぞ。
具に味がついているので、何もつけなくても食べられます。
にらやもやし、春雨など、お好みの具を入れても。

2〜3人分
豚肩ロース肉（しょうが焼き用）
　　── 3枚（約160g）
A ┌ 塩 ── 少量
　├ にんにく（すりおろし）── 小さじ1
　├ 酒 ── 大さじ1
　├ しょうゆ ── 大さじ1½
　├ ごま油 ── 大さじ1
　└ 片栗粉 ── 大さじ1
B ┌ にんじん ── 小½本
　├ セロリ ── ½本
　├ たけのこ（水煮）── 15g
　└ しいたけ ── 2枚
春巻きの皮 ── 6枚
【のり】
║ 薄力粉 ── 大さじ2
║ 水 ── 大さじ1
揚げ油 ── カップ2

1　豚肉は細切りにする。Bのにんじん、セロリ、たけのこは3cm長さの細切りにする。しいたけは石づきを取って薄切りにする。のりは合わせて練る。

2　豚肉にAをまぶして下味をつける。ボウルにBを入れて豚肉を広げてのせ、ラップをする。600Wの電子レンジで3分加熱してラップを取り、全体をかき混ぜる [写真A]。そのまま冷まし、6等分にする。

3　春巻きの皮を角が手前にくるようにおき、6等分した具を細長くのせてひと巻きし、左右を折ってくるりと巻く。皮の縁にのりをぬってとめる。残り5つも同様にして巻く。

4　鍋に揚げ油を入れて中火で熱し、中温になったら3を3本ずつ入れる。ひっくり返しながら3分ほど揚げ、取り出して油をしっかりきる。残り3本も同様に揚げる。好みで練りからしやしょうゆをつけていただく。

Ⓐ 具をフライパンで炒めなくてもいいのでとってもラク。混ぜて肉にまだ火が通っていなかったら、再びラップをして10秒ずつ、様子を見ながら加熱する。

ごはん＆パスタ

ごはんもパスタもストウブの鍋ならお手のもの。ごはんは鍋が釜のようになってふっくらツヤツヤに。火にかけてから余熱調理まで30〜40分で炊き上がります。鍋ごと食卓に出せば、保温性が高いのでおひつの代わりにもなります。パスタは具材の上にのせて火にかけるだけ。具材から出るうまみがおいしい水滴になってパスタに降り注ぎ、具材と一体化します。

RIZ et PÂTES

「ごはん」で、炊飯の基本をマスターする

ポイント1	火にかける加熱調理と、火から下ろして蒸らす余熱調理の時間はだいたい半々で。
ポイント2	火を弱くするタイミングは鍋縁から蒸気が出てきたとき。
ポイント3	炊き上がったら、上下を返して全体に空気を含ませる。

ごはん&パスタ

2～3人分
米 —— 1½合
水 —— カップ1½

1 米は洗ってざるに上げ、水けをきる。

2 鍋に入れて、分量の水を加える。

3 蓋をして30分～1時間吸水させる。

※1粒ひと粒にしっかり水を含ませる。こうすると火が中まで均一に入る。

4 **中火**にかけ、鍋縁から蒸気が出てきたら、**ごく弱火**にして12分ほど炊いて火を止める。

※蒸気が出てきたら、火を弱くする。このタイミングがとっても大切！

5 炊き上がりの鍋の中。ごはんがふっくら炊き上がっていることを確認したら、さらに蓋をして10分ほど蒸らす。

※この蒸らし時間の間も余熱調理が続いている。

6 蓋をあけてしゃもじで上下を返す。

※空気を入れると、ふっくらとした状態をキープできる。

中華風おこわ

しっかり味が染み込んで風味もコクもいうことなしのおこわ。
味の決め手は五香粉(ウーシャンフェン)。
中国のミックススパイスでパンチのある風味を出します。

2〜3人分

もち米 —— 1½合
干ししいたけ —— 2枚
干しえび —— 10g
湯 —— カップ¼
豚ロース薄切り肉（しょうが焼き用）
　　　 —— 80g
A ┌ 五香粉 —— 小さじ¼
　│ しょうゆ —— 大さじ1½
　│ 砂糖 —— 小さじ1
　│ 酒 —— 小さじ1
　└ ごま油 —— 大さじ1½
水 —— カップ1

1 もち米はさっと洗ってざるに上げ、15分ほど水をきる。干ししいたけと干しえびはいっしょに湯につけてもどす。しいたけは薄切りにし、もどし汁は取りおく。豚肉は5mm幅の細切りにする。

2 ボウルに豚肉を入れて A を加え混ぜる。

3 鍋にもち米、干ししいたけ、干しえび、**2**、分量の水、もどし汁を入れて蓋をし、<u>中火</u>にかける。

4 鍋縁から蒸気が出てきて沸騰したら<u>弱火</u>にし、12分ほど炊いて火を止め、そのまま15分ほど蒸らす。蓋をあけてしゃもじで上下を返し、味をみて足りなければ塩（分量外）を加え混ぜる。

たことにんじんの炊き込みごはん

たこのうまみがごはんに染み込んだ和風炊き込みごはん。
隠し味はしょうが。味のアクセントになって、
たこのうまみを後押しします。

2〜3人分

米 —— 1½合
水 —— カップ1½
たこの足（ゆでたもの） —— 3本（約150g）
にんじん —— ½本
しょうが（細切り） —— 1かけ分
塩 —— 小さじ½ほど

1 米は洗ってざるに上げ、水けをきる。鍋に入れて分量の水を加え、30分〜1時間吸水させる。

2 たこは5mm幅くらいのそぎ切りにする。にんじんは4cm長さの細切りにする。

3 **1**に**2**としょうがを全体に散らすように入れる。塩を加えて蓋をし、<u>中火</u>にかける。

4 鍋縁から蒸気が出てきたら<u>ごく弱火</u>にして12分ほど炊いて火を止め、そのまま10分ほど蒸らす。蓋をあけてしゃもじで上下を返し、味をみて足りなければ塩（分量外）を加え混ぜる。

ごはん&パスタ

しらすといか、オリーブのパエリア風

魚介のうまみを米がたっぷり吸い込んで食欲をそそります。
インディカ米は粘りが少なく、すっきりとして食べやすい米です。
いつもと違ったごはんの味を楽しんでください。

2〜3人分

米（インディカ米） —— 1½合
いか —— 小2はい
オリーブ油 —— 大さじ1
玉ねぎ（みじん切り） —— ¼個分
しらす干し —— 80g
にんにく（薄切り） —— 1かけ分
水 —— カップ1½
塩 —— 小さじ½ほど
オリーブ（種なし） —— 10粒（約50g）

1 米はさっと洗ってざるに上げ、水けをきる。いかは内臓と軟骨を抜いて胴の中をよく洗い、ペーパータオルで水けをふく。エンペラを取って、胴とエンペラの皮をむく。足は目の下に包丁を入れて切り離し、くちばしを取り除いてよく洗い、ペーパータオルで水けをふく。胴は1.5cm幅の輪切りにし、足は2本ずつに切り分ける。

2 鍋にオリーブ油を入れて**中火**で熱し、玉ねぎ、しらす干し、にんにく、いかを入れて炒める。いかの色が変わったら、いったん火を止めて分量の水、塩、オリーブ、米を加えて[写真A]ひと混ぜし、蓋をして**中火**にかける。

3 鍋縁から蒸気が出てきたら、**ごく弱火**にして12分ほど炊き、火を止めて10分ほど蒸らす。

4 蓋をあけてしゃもじで上下を返し、味をみて足りなければ塩（分量外）を加え混ぜる。

A 米はインディカ米を使用。粘りが出ないし、炊きムラが少ないので扱いやすい。

ビビンパ風玄米ごはん

鍋ごと食卓に出して温かいうちに召し上がれ！
にらは余熱調理で火を通すので風味豊かに仕上がります。
辛みとうまみを兼ね備えたコチュジャンが味の決め手です。

2〜3人分

玄米 —— 1½合
水 —— カップ2
にら —— 3本

A
- ぜんまい（水煮）—— 40g
- 牛切り落とし肉 —— 120g
- ごま油 —— 大さじ½
- にんにく（すりおろし）—— 小さじ1弱
- しょうが（すりおろし）—— 小さじ1弱
- コチュジャン —— 大さじ1½
- しょうゆ —— 大さじ1
- 塩 —— 小さじ½ほど

1 玄米はざるに入れて流水で洗い、水けをきってボウルに入れ、分量の水を加えてひと晩冷蔵庫で吸水させる [写真A]。にらは1cm幅に切る。Aのぜんまいはさっと洗って2cm幅に切る。牛肉は1.5cm幅に切る。

2 別のボウルにAを入れてよく混ぜ合わせる。

3 1の玄米を水ごと鍋に移し、2をのせてゴムべらで全体に広げ [写真B]、蓋をして**中火**にかける。

4 鍋縁から蒸気が出てきたら**ごく弱火**にし、20分ほど炊いて火を止める。そのまま10分ほど蒸らし、にらを加えてさらに5分ほどおく。

5 蓋をあけてしゃもじで上下を返し、味をみて足りなければ塩（分量外）を加え混ぜる。

Ⓐ 冷蔵庫に鍋が入るようなら、ボウルではなく直接鍋に入れて吸水させてもよい。吸水しにくいので、ひと晩つけておくとおいしく炊ける。

Ⓑ 全体にまんべんなく広げると、ムラなく火が通り、味が玄米に均一に染み込む。

マトンビリヤニ

ビリヤニはインドの炊き込みごはん。本来はスパイスをたくさん使って作りますが、
ここでは作りやすくアレンジしています。
ラム肉特有の臭みもなく、エスニックな風味がたまりません。

2〜3人分
米 —— 1½合
水 —— カップ1½
ラム肩切り落とし肉(ソテー用)
　　　—— 約140g
A ┃ 塩 —— 小さじ⅓
　┃ にんにく(すりおろし) —— 小さじ1
　┃ しょうが(すりおろし) —— 小さじ1
　┃ ヨーグルト(プレーン) —— 大さじ1
　┃ オリーブ油 —— 大さじ1
　┗ クミンシード —— 大さじ½
オリーブ油 —— 大さじ1
玉ねぎ(みじん切り) —— ½個分
B ┃ ごぼう —— ½本(約40g)
　┃ しし唐辛子 —— 6本
　┃ アーモンド(ロースト) —— 20g
　┃ 赤唐辛子 —— 1本
　┃ シナモンスティック —— 1本
　┃ ローリエ —— 1枚
　┗ カレー粉 —— 小さじ½
香菜(シャンツァイ) —— 適量

1 米はといでざるに上げ、水けをきってボウルに入れ、分量の水に30分つける。ラム肉は2cm幅に切り、**A**をすりこんで10分ほどおく。**B**のごぼうは5mm角に切る。しし唐辛子はなり口を切り落として5mm幅の小口切りにする。アーモンドはポリ袋に入れてめん棒などでたたいて砕く。赤唐辛子は半分に割って種を取り除く。シナモンスティックは半分に折る。

2 鍋にオリーブ油と玉ねぎを入れ、色づくまで**弱火**で炒める[写真A]。ラム肉と**B**を加えて**中火**で炒め、肉の色が変わったら火を止め、米を水ごと加えてひと混ぜする。

3 蓋をして**中火**にかけ、沸騰したら**弱火**にして12分ほど炊いて火を止め、15分ほど蒸らす。

4 蓋をあけてしゃもじで上下を返し、味をみて足りなければ塩(分量外)を加え混ぜる。器に盛り、香菜を添える。

Ⓐ 玉ねぎをよく炒めてうまみと甘みを引き出す。ゴムべらで混ぜながら、弱火でじっくりと炒めるのがポイント。

トマトアンチョビペンネ

さっぱりとしたトマトの酸味とさわやかなディルの風味が口の中で重奏。
鍋に材料を一気に入れるだけで完成です。

2人分

トマト —— 中3個
ディル —— 1〜2本
水 —— カップ2/3
アンチョビ
　　—— 1缶(50g)
ペンネ —— 180g
オリーブ油
　　—— 大さじ1 1/2

1 トマトはヘタをくりぬいてざく切りにする。ディルは葉の部分だけをざく切りにする。

2 鍋にトマト、分量の水、アンチョビ、ペンネ、オリーブ油の順に入れて蓋をし[写真A]、**中火**にかける。

3 鍋中からグツグツ音がしてきたら5分煮て蓋をあけ、上下を返して**弱火**にする。再び蓋をしてペンネがやわらかくなるまで15分ほど火を通す。途中、ときどき全体をかき混ぜる。味をみて足りないようなら塩(分量外)を加え混ぜ、火を止める。

4 器に盛り、ディルをのせる。

A 材料を一気に入れて蓋をしたら、あとは鍋におまかせ。水分が蒸気になり、水滴となって降り注ぎ、おいしいペンネに仕上がる。

ブロッコリーとかぶのフェトチーネパスタ

野菜は火を通す間にくたっとなって、パスタによく絡みます。
パルメザンチーズはたっぷりかけていただくのがおすすめ。
チーズの豊かな香りが口いっぱいに広がります。

ごはん&パスタ

2人分
ブロッコリー —— 1株
かぶ —— 2個
オリーブ油
　　—— 大さじ1
にんにく（薄切り）
　　—— 1かけ分
塩 —— 小さじ1ほど
水 —— カップ1/2
フェトチーネパスタ
　　—— 4つ（約160g）
パルメザンチーズ
　（すりおろし）—— 適量

1 ブロッコリーは茎のかたいところを切り落とし、かぶは皮をむいて、それぞれ1cm角に切る。

2 鍋にオリーブ油を入れて**中火**で熱し、ブロッコリー、かぶ、にんにく、塩を入れて炒める。野菜がしんなりしてきたら分量の水を加えてパスタをのせ[写真A]、蓋をする。

3 鍋中からグツグツ音がしてきたら5分煮て蓋をあけ、上下を返して**弱火**にする。再び蓋をしてパスタがやわらかくなるまで12～13分火を通す。途中、ときどき全体をかき混ぜる。味をみて足りないようなら塩（分量外）を加え混ぜ、火を止める。

4 器に盛り、チーズをふる。

Ⓐ 野菜がしんなりしたところにパスタを入れる。ここで使ったパスタは約40gずつのかたまりになったもの。1人2つくらいを目安に入れる。

109

ストウブの鍋で燻製にチャレンジ！

ストウブの鍋を使って自宅のキッチンで数分間煙で燻せば燻製が簡単にできます。鍋中に煙が閉じこもるので、家中煙だらけになるということがなく、手軽に燻製が楽しめます。火を通しながら燻製の香りをつけるもの（さば、ラムチャップ）、そのままでも食べられるけれど燻製の香りをつけるもの（モッツァレラチーズ、明太子、塩）をご紹介します。燻製は作りたてもおいしいけれど、少しおいてから食べると香りがなじんで燻製香を強く感じます。ここでは塩さばの燻製の作り方をご紹介するので、それを参考にしていろいろな食材にチャレンジしてください。

燻製の作り方　塩さば（切り身）2切れの場合

1 鍋にアルミホイルを敷いて、燻製チップ（ナラ）大さじ3をまんべんなく広げる。チップの種類はいろいろあり、それぞれフレーバーが異なる。

2 直径2cmくらいに丸めたアルミホイル5つをチップの上にバランスよく置く。これで鍋中にすき間ができて煙が効率よく充満する。

3 ペーパータオルでさばの水けをふく。

4 2の上にオーブンペーパーをのせ、その上にさばをのせる。

5 蓋をして**中火**にかける。加熱しすぎるとチップがまる焦げになって、焦げ臭くなるので注意。

6 40～50秒して燻した香りがしてきたら**ごく弱火**にし、12分ほど燻す。火を止めてオーブンペーパーごと取り出して冷ます。

あと始末のやり方

鍋がさわれるくらい冷めたら、チップをアルミホイルごと取り出して、完全に火が消えるように水をふりかけ、ホイルごと丸めて捨てましょう。鍋中は燻した煙がしっかりついていてスポンジが黄色くなるほど。よく洗って汚れと匂いを取ってください。

ラムチャップ（2本）

作り方**6**でごく弱火にしたら、3〜4分燻して火を通し、香りをつける。ラム肉はミディアムぐらいの燻し加減がベスト。

さば（2切れ）

ここでは塩さばを使ったが、生のさばで作る場合は、塩ふたつまみをふって5分おき、ペーパータオルで水けをふく。

明太子（1腹）

ペーパータオルで水けをふく。作り方**6**でごく弱火にしたら、10分（半生に仕上げる場合は3〜4分）加熱して取り出す。

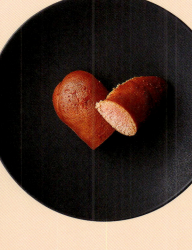

塩（大さじ1）

塩は耐熱の小皿などに入れて燻すとよい。作り方**6**でごく弱火にしたら、1分加熱して火を止め、そのまま1分おいてから取り出す。

モッツァレラチーズ（1個）

ペーパータオルで水けをふく。作り方**6**でごく弱火にしたら、1分加熱して火を止め、そのまま1分おいてから取り出す。

111

サルボ恭子
KYOKO SALBOT

料理家。
老舗旅館の長女として生まれ、料理家の叔母に師事したのち渡仏。
パリ有数のホテル「ホテル・ド・クリヨン」で研修、勤務するうち、
フランスの郷土料理に魅了される。
現在は日本と台湾で料理教室を主宰。
食材と向き合い、その持ち味を引き出す料理を得意とし、
出張料理やケータリングで料理が最もおいしく味わえる"瞬間"を届けている。
雑誌やテレビなどでも活躍し、
洗練された家庭料理には根強いファンも多い。
『夜9時からの飲めるちょいメシ』（家の光協会）、
『いちばんやさしい シンプルフレンチ』（世界文化社）など著書多数。
http://www.kyokosalbot.com/

アートディレクション・デザイン
小橋太郎（Yep）

撮影
川上輝明（bean）

スタイリング
大畑純子

企画・編集
小橋美津子（Yep）

編集
小林弘美（学研プラス）

撮影協力
ツヴィリング J.A. ヘンケルス ジャパン
お客様相談係　0120-75-7155
https://www.staub-online.com

デニオ総合研究所
http://www.deniau.jp/

UTUWA
〒151-0051 渋谷区千駄ヶ谷3-50-11明星ビル1F
TEL：03-6447-0070

THE STAUB MASTER BOOK
ストウブマスターブック

2019年11月4日　第1刷発行
2021年 1 月29日　第3刷発行

著　者　サルボ恭子
発行人　中村公則
編集人　滝口勝弘
発行所　株式会社学研プラス
　　　　〒141-8415　東京都品川区西五反田2-11-8
印刷所　大日本印刷株式会社

※この本に関する各種お問い合わせ先
■ 本の内容については下記サイトのお問い合わせフォームよりお願いします。
　https://gakken-plus.co.jp/contact/
■ 在庫については　TEL03-6431-1250（販売部）
■ 不良品（落丁、乱丁）については　TEL0570-000577
　学研業務センター
　〒354-0045　埼玉県入間郡三芳町上富279-1
■ 上記以外のお問い合わせは　TEL0570-056-710（学研グループ総合案内）

©Kyoko Salbot 2019 Printed in Japan
本書の無断転載、複製、複写（コピー）、翻訳を禁じます。
本書を代行業者等の第三者に依頼してスキャンやデジタル化することは、
たとえ個人や家庭内の利用であっても、著作権法上認められておりません。

複写（コピー）をご希望の場合は、下記までご連絡ください。
日本複製権センター　https://jrrc.or.jp/　E-mail:jrrc_info@jrrc.or.jp
R〈日本複製権センター委託出版物〉

学研の書籍・雑誌についての新刊情報・詳細情報は、下記をご覧ください。
学研出版サイト　https://hon.gakken.jp/